皮膚感覚から生まれる幸福

心身が目覚めるタッチの力

山口創
Hajime Yamaguchi

春秋社

まえがき

「北風と太陽」という寓話がある。

北風と太陽が力比べをする。北風は旅人のコートを力ずくで吹き飛ばそうとするが、旅人はかえってコートをしっかり押さえてしまい、吹き飛ばすことはできなかった。次に太陽は旅人を温かく照らした。すると旅人は自分からコートを脱いだので、太陽の勝ちとなった。


なぜこの寓話を紹介したのかというと、タッチと同じだと思ったからだ。

タッチ＝触れあうことの大切さは近年よく話題にのぼるが、たとえば「もっと触れあおう」というようなスローガンでは、人は臆してしまいなかなかそうはできないものである。そこで太陽のたとえのように、自ら進んで「タッチしたい」と思うような心を育てることこそが、大切だと思うようになった。

そのための手段として、各家庭でタッチをする機会を増やすことから始められないだろうか。一家に一人「セラピスト」を育て、身近な、大切な家族の様子を気遣いながら、必要なときにタッチで心身を回復させてくれるような存在である。

そうしてつねに触れあいを多くしていけば、触れることが大好きな人が育つ。そうして各家庭から温かい子どもたちが育ち、やがて彼らが社会の一員となって、温かい社会をつくっていくことになる。それは彼らが育てる次代の子どもたちにも受け継がれていくことになろう。

もちろんタッチですべての問題が解決できるほど、タッチは万能ではない。それでも世のなかの多くの人は、タッチのもつ力を過小評価していると思うのである。

人は誰でも、両親の愛あるタッチによって新たな生命として誕生し、タッチされることでその命を支えられる。そして成長してタッチによって新たな愛を育み、タッチによって新たな命をつくる。そして人生の終焉には、子どもたちあるいは周囲の人たちにタッチされながら命の灯を消すことができたら、なんと幸せな人生だろうと思うのである。

このようにタッチは、人生のさまざまな局面で、それをポジティブに彩《いろど》る太陽の光のようなものだ。人はタッチがなくても生きていける。しかしタッチがなくては彩りのある豊かな人生は訪れないであろう。人生における幸福は対人関係のなかにあり、それを満たしてくれるのはタッチにほかならないのだから。

目に見えるものがさまざまな彩りをもって見えるのは、太陽の光の中に無限の色が含まれているからである。そして私たちは物に当たって反射する光の中に、さまざまな色を見つける。

対人関係にも、さまざまな相がある。私たちはそのなかのどのような相に、幸せを見つけられるだろうか。

太陽は、旅人が着ているコートをいとも簡単に脱がせることができた。タッチも、太陽のように人々の心を覆っている鎧を脱がせ、人生に幸せの彩りを紡いでくれるだろうか。

本書を読めば、私たちの心を覆っている鎧を脱がせるヒントがわかるだろう。そしてそれがいかに人々が日々の幸せを感じるために役立つか、おわかりになるに違いない。

本書では、そのようなヒントを次の順序で紹介している。

1章では、思いやりや感謝、共感などポジティブな感情を増やす方法や、それを伝えるためにいかにタッチが大切であるか紹介した。タッチをすることでポジティブな感情が生まれれば、それは人を幸福に導くだけではなく、視野を広げ、対人関係も広がり、健康増進にも役立つのである。

2章では、そのようなタッチによってポジティブな感情が伝わるための基盤について、生物学的に考えてみた。その一つとして人間がもつ言葉の起源は、なんとタッチ（グルーミング）であるとする説を紹介した。さらにそのような社会性を伝えるための、ヒトから魚にまで備わっている神経線維について述べた。ヒトは社会的な動物だと昔からいわれるが、その本質は、他者のために行動をするように進化した、ということだと思う。なぜなら他者のために行動をすることが、自分自身の寿命をのばし、健康を増進させることに直結しているからだ。

3章では、親子や夫婦、さらにスポーツ場面、学校生活、ビジネスなどさまざまな場面で、いかにタッチを活かしていくか、具体的に紹介した。それぞれの場面でタッチの役割は異なるが、ポジティブな感情を生み出し、絆を深めるといった共通の基盤は、脳内ホルモンであるオキシトシンの効果だということには変わりはない。

4章では、痛みや不安などの病苦を癒すためのタッチについて紹介した。現代では心身ともに完全に健康でうまくいっている人というのはほとんどいない。誰もが心と身体に不安や悲しみ、病苦や痛みなど、澱《おり》のようなさまざまな症状を抱えながら生活している。タッチはそのような澱を抱えながらも、その症状を緩和し、生きていこうという意欲を支える役割をもっている。

5章では、これまでの話を総括して、これからの日本人が幸福に生きていくための指針として、幸福の捉え方を見直し、毎日の日常生活のなかに幸せを見出していくような新たな対人関係の持ち方について、著者の考えを紹介した。

このように述べてくると、単にタッチしさえすれば幸福になれるかのように聞こえるかもしれないが、はたしてそうだろうか。

「北風と太陽」には実は別の話もある。

太陽が旅人の帽子を脱がせようとして、旅人を熱く照らし続けた。しかし旅人は帽子をさらに深くかぶるだけだった。次に北風が強い風を吹かせたところ、旅人の帽子を見事に吹き飛ばしてしまったのだ。そして冒頭の寓話が続く。

つまり結局は、いつでも同じ手段がよいわけではなく、目的に応じて適切な手段をとることが大切だということである。

この教えはタッチにもそのまま当てはまる。私は最近、タッチは何よりも質が大事だと思うようになってきた。癒すためのタッチ、励ますためのタッチ、支えるためのタッチ、親しくなるためのタッチなど、それぞれの目的に応じてタッチの仕方は変えなければならない。いずれも幸福をもたらすタッチであるが、それぞれの目的にとって効果的な触れ方はまったく異なっているからである。

本書では特にタッチの質について意識して書くようにした。本書を読んで誰もが一家の「セラピスト」として、愛する家族をタッチで幸福にできる、太陽のような存在になって輝いてほしいと願っている。

皮膚感覚から生まれる幸福――心身が目覚めるタッチの力　目次

第4章　こころとからだを癒すタッチ……125

第5章 日本人の幸福とは……165

皮膚感覚から生まれる幸福——心身が目覚めるタッチの力

第 1 章
ポジティブな感情と幸せ

1　なぜポジティブな感情は心身の健康を高めるのか

世のなかが快適で便利になるにつれ、人は他者とあまり関わらなくても暮らしていけるようになった。そのように個人主義が強まった結果、人々は自分だけの幸福を追い求めるようになった。しかし、趣味を追求したり、欲しいものを手に入れることによって、一時的な満足感は得られても、それだけでは本当の幸福は得られない。そして現代人はむしろストレスを抱えながら生活を送るようになった。なぜだろうか。

ここではポジティブな感情をキーワードに、私たちの生活のなかで、不安、悲しみや抑うつといったネガティブな感情よりも、幸福や喜びといったポジティブな感情を多く感じられるようにし、幸福に生きるためのヒントを考えてみたい。

進化の過程で得たネガティビティ・バイアス

ネガティブなことほど記憶しやすい

私たちの脳には、よいことよりも悪いことのほうが記憶に残りやすいという特徴がある。これはネガティビティ・バイアスと呼ばれている。私たちの生活はより豊かで快適になっているにもかかわらず、この性質のために、人はストレスや不安、満たされない思いなどのネガティブな感情を抱えこんでしまうのである。

たとえばこんな実験がある。一万円をもらった喜びと、一万円を失《な》くした悲しみを比べてみよう。どちらが記憶に残るだろうか。実験をしてみると、たいていの人にとって、一万円失くした悲しみのほうが、より記憶に残りやすいという。

そもそも、人がネガティビティ・バイアスをもつようになったのは、進化の過程で死と隣り合わせの生存競争にさらされたことが原因だ。

太古の昔、人類は危険な動物や自然災害などの脅威に満ちた環境で生活していた。そのため、食料を得ることや、安心して眠ること、仲間との交流などのポジティブな要素はたしかに貴重なものであった。

しかし、そのような安心や快を得ることに先んじて、捕食者や自然環境からの危険を避けて生きのびることが、生物として最優先にしなければならないことは明らかだ。ネガティブな体験を避けなければ、ポジティブな体験は得られないからだ。そこで人は、ネガティブなことにはポジティブなこと以上に注意を向け、記憶するように脳を進化させてきたのだ。

私たちが、ネガティブなできごとのほうに注目してしまうのは、生物としての性《さが》だといえる。では、ポジティブなできごとは、人間が生きていくために、あまり必要のないものなのだろうか。

もちろんそんなことはなく、むしろ、人間が生きる目的は、喜びや満足感、そしてなにより幸福を追求することにあるのではないだろうか。

しかし実際には、そのようなポジティブな感情ばかりを感じながら過ごせる人は、ごく少数であろう。そう考えると、人間はネガティブなできごとを経験しながらも、幸福で快適な生き方ができるようにしていかなければならない。

では、生活の中でのそれらポジティブとネガティブの割合は、どの程度であれば、いきいきと生きることにつながるのだろうか。

ポジティブ・ネガティブ・アシンメトリー

米国の精神科医のロバート・シュワルツによると、ポジティブな感情とネガティブな感情の最適な比率は四：一であるという。しかし実際の私たちの平均の比率は、約二：一程度であり、さらにうつ病の患者は一：一以下であるとしている。

同じく米国の心理学者、フレドリクソンは、比較的元気のよい大学生と、そうでない大学生に、一日のなかで感じたポジティブな感情とネガティブな感情について、約一か月間記録してもらった。その結果、元気な大学生のポジティブとネガティブの比率は三：一で、そうでない大学生では二：一だった。

このことから、毎日の生活をいきいきと送るためには、三：一の比率が必要だとフレドリクソンは主張している。これはネガティブな経験が一つあったときには、ポジティブな経験が三つ必要なことを意味している。

はたして、ポジティブな経験というのはそんなにたくさん起こるものだろうか？

どうすればポジティブになれるか

残念ながら、ポジティブなできごとというのは、身のまわりにそう簡単に起こるとは限らない。ではどうしたらよいだろうか。

私たちの脳のニューロン（神経細胞）は、同時に活動する神経細胞同士のあいだのつながりが深まるようになっている。たとえば、ある考え方のパターンを繰り返すと、それらの神経細胞同士の結びつきが強まる。

しかし、ここで問題となるのがネガティビティ・バイアスである。前述のように人の脳は、ポジティブなことよりもネガティブなことに焦点を当て、記憶として残りやすい。そのため、神経細胞はネガティブな体験によって作られやすいという偏向が生じる。それゆえ私たちは、痛みなどのネガティブな体験からはすぐ学習するが、ポジティブな体験からはなかなか学習できないのである。

よいところを意識する

この問題を解決するために、神経心理学者のリック・ハッソンは、ポジティブな体験をしたときに、それをしっかりと認識するための「脳トレ」を提案している。

ハッソンが提唱している方法は、「Taking in the good（よいところを意識する）」という方法である。それは日常生活で経験するさまざまなポジティブな体験を一つひとつしっかりと意識することで、脳に染みこませる方法である。よいことをしっかりと意識する時間は、わずか一〇秒でもよいという。

私たちの日々の生活のなかには、小さくても必ずよいことや素晴らしい体験がある。「ご飯がおいしい」、「道端に花が咲いている」、「運転中、先を譲ってもらった」など小さな喜びはたくさん埋もれている。それに出会ったときに、しっかりと意識してかみしめることで、脳はポジティブな体験をしっかりと記憶することができるのだ。

このような嬉しい体験を、他の人に話すとさらに良い。他者と感情を共有する体験は心身に良い影響をもたらすからだ。


なお、「よいところを意識する」というのは、いわゆるポジティブシンキング（プラスの考え方）とは異なる。物事をポジティブな方向で捉えるポジティブシンキングは、ともすればネガティブな情報に目を背けることを意味している。だがそうではなく、ネガティブなことにもしっかりと向き合い、全体を見渡した上で、ポジティブな情報のほうを意識することが「よさをかみしめる」ということである。

安心感・満足感・絆

ハッソンは、日々の生活のなかで体験されるポジティブなことのなかで、特に「よさを意識する」ための三つの要素があるという。それらは、「安心感」「満足感」「絆」である。

人は仕事や生活がうまくいかないときでも、大切な人に抱きしめられたりして「安心感」をかみしめることで、焦って解決するのではなく、ゆったりとした気持ちで全体像を捉えて問題に向き合えるようになる。

また、喪失や失望といった問題が起きても、好きな音楽に聴き入るなどして「満足感」をかみしめることで、あまり深く落ち込むことなく回復が早まるようになる。

そして、たとえ誰かに拒絶されたり、自分の価値を否定されたりしたときでも、他の人との「絆」をかみしめることで、助けになってくれる人がいることを認識でき、困難に立ち向かうことができるようになるという。

ポジティブ感情が価値のあるものだとして認識されるようになったのは、ここ最近のことであり、フレドリクソンの研究が嚆矢《こうし》となっている。

彼女によれば、ポジティブ感情は遊び心や創造性を刺激し、さらには楽しい時間をともに過ごす家族の絆を築く役割をもつ。すなわち、ポジティブ感情は、人間が集団で繁栄するために生み出されたものであるという。そして、喜び、感謝、安らぎ、興味、希望、誇り、愉快などの個々のポジティブな感情が統合されたものが「愛」だという。

そうであれば、少なくとも休日は、できるだけ家族とともに過ごすのが、なにより大切なことといえるかもしれない。最近は、アクティブレストともいわれるが、休日を家族とともに楽しむことを優先させることは得策だといえるだろう。

ポジティブな感情は人を健康にする

ポジティブ感情は人を健康にし、その結果として寿命をのばす効果もあるという。

たとえば、六五歳以上のメキシコ人二〇〇〇人を対象になされた研究では、ネガティブな人々のグループの死亡率は、ポジティブなグループの二倍だった。

またポジティブな感情の頻度が多いほど風邪にかかりにくく、重病の患者であっても、死亡率を低下させる効果があることもわかってきた。しかも、このような健康への効果をもたらすものは、感情の具体的な内容よりも、その感情を経験する「頻度」だということもわかった。

では、なぜポジティブ感情の「頻度」が健康増進につながるのだろうか。

次にフレドリクソンの「拡張－形成理論（broaden-and-build theory）」を紹介しよう。

２　視野を広げる拡張－形成理論

ポジティブな感情が「拡張」するもの

まずは次のページの図をみていただきたい。図１－１の上部の三つの■でできた三角形（A）は、下部のB、C、どちらの図に似ているように見えるだろうか。

正解はないが、左下のBを選んだ人は、グローバル思考をする傾向があることがわかった。つまりAを見たとき、それを形作る要素（■）ではなく、全体として三角形の形に着目したわけだ。

それに対してCを選んだ人は、■の三角形を見たとき、それを形作る要素（■）に着目したため、要素のほうで似ている図形を選んだことになる。

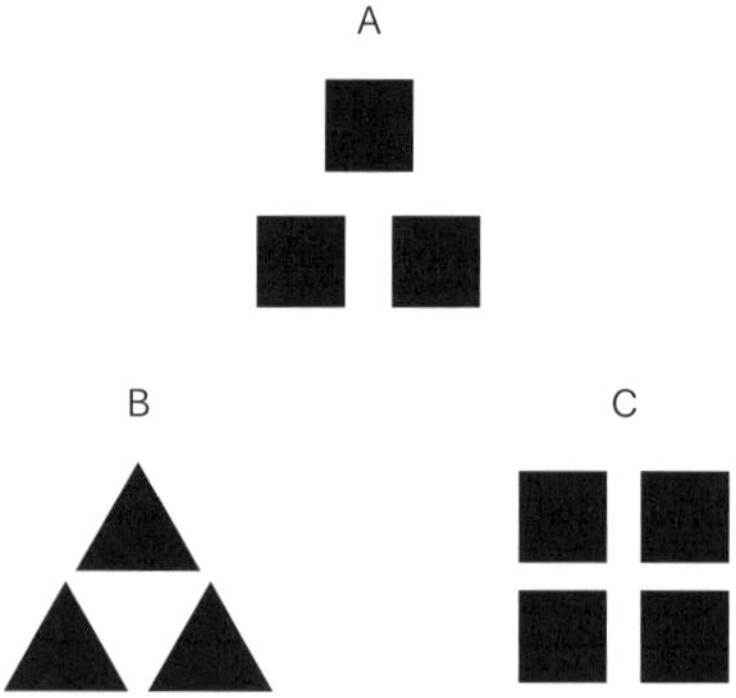

図 1-1　A に似ている図形はどちらか

過去の研究からは、この図でBを選んだ人は、物事をポジティブにとらえていてウェルビーイングの度合いが高く、視野を広げて全体を見渡す思考をするのに対して、Cを選んだ人は、不安や抑うつといったネガティブな性格傾向が強く、視野が狭くなっていることも明らかになっている。

闘争か逃走か

では、なぜポジティブ・ネガティブな感情がこれほどまでものの見方を変えてしまうのだろうか。

まず恐怖や不安といったネガティブな感情であるが、これは進化的に、生物に「闘争か逃走か（fight or flight）」の選択を迫る役割をもっている。人は誰でも、身に危険が迫っているときには、闘うか逃げるか、即座に反応しなければならない。それはこれまでにその人が経験のなかで培ってきた考え方や行動のレパートリーのなかから、最適なものを選択させるという利点がある。

私たちは誰でも過去に遭遇した危険な状況で、偶然にしてもある考え方や行動をとり、その選択が正しかったからこそ、今生きのびているわけである。だからこそ、過去の危険な状況でその考え方や行動をとったことは、適応的な意味があったことになる。すると同じような危機的な状況におかれたとき、たくさんある考え方や行動レパートリーのなかから選択肢を「狭める」ことは、即座の最適な対処を可能にしてくれるのだ。

それに対してポジティブな感情は、まったく正反対の機能をもつ。まず、ポジティブな感情は、危機に直面したときには生じない。また、ネガティブな感情とは反対に、特定の対処の方法に焦点を当てるものではない。むしろポジティブな感情は、柔軟で広がりのある考え方や行動を促すはたらきをしている。

たとえば、人は「楽しさ」を感じたことに対しては、それをもっと自由にやりたくなる。またあることに「興味」をもつと、さらに新しい情報や経験を追い求めようとする。またある人を「愛する」と、相手のことをもっと深く知り、長い時間をともに過ごしたくなる。

ポジティブな感情は未来志向的

このようにポジティブな感情は、考え方や行動レパートリーを拡張する作用をもたらす。ネガティブな感情とは異なり、危機から逃れるといった短期的な利益ではなく、より長期的に幸福になるための考え方や行動をとらせるのである。

人はポジティブな感情をもつと、考え方の幅を広げたり、新しく行動したいという欲求が高まる。特に考え方は普段よりも柔軟で創造的になり、未来志向的になることがわかっている。また注意の幅を広げるため、いろいろなことに気づきやすくなる。

実際の実験をみてみよう。

実験では参加者を五つのグループに分ける。ペンギンのビデオを見せて楽しい気持ちにさせたグループ、自然のビデオを見せて満足感を高めたグループ、崖のビデオを見せて恐怖心を高めたグループなどを設け、そして見終わってから、「私は（　　）がしたい」という文章にできるだけ多く回答してもらった。その結果は、次のグラフ（図１–２参照）のようになった。横軸は回答した文章の個数を示している。

つまり、ポジティブな感情を感じると、行動のレパートリーを増やし、逆にネガティブな感情は行動のレパートリーを減らすことがわかった。

フレドリクソンはこのような現象について、「自己拡張理論」から説明を試みている。

通常の私たちの自己の境界は皮膚である。ところが、自己拡張理論によれば、人は親密

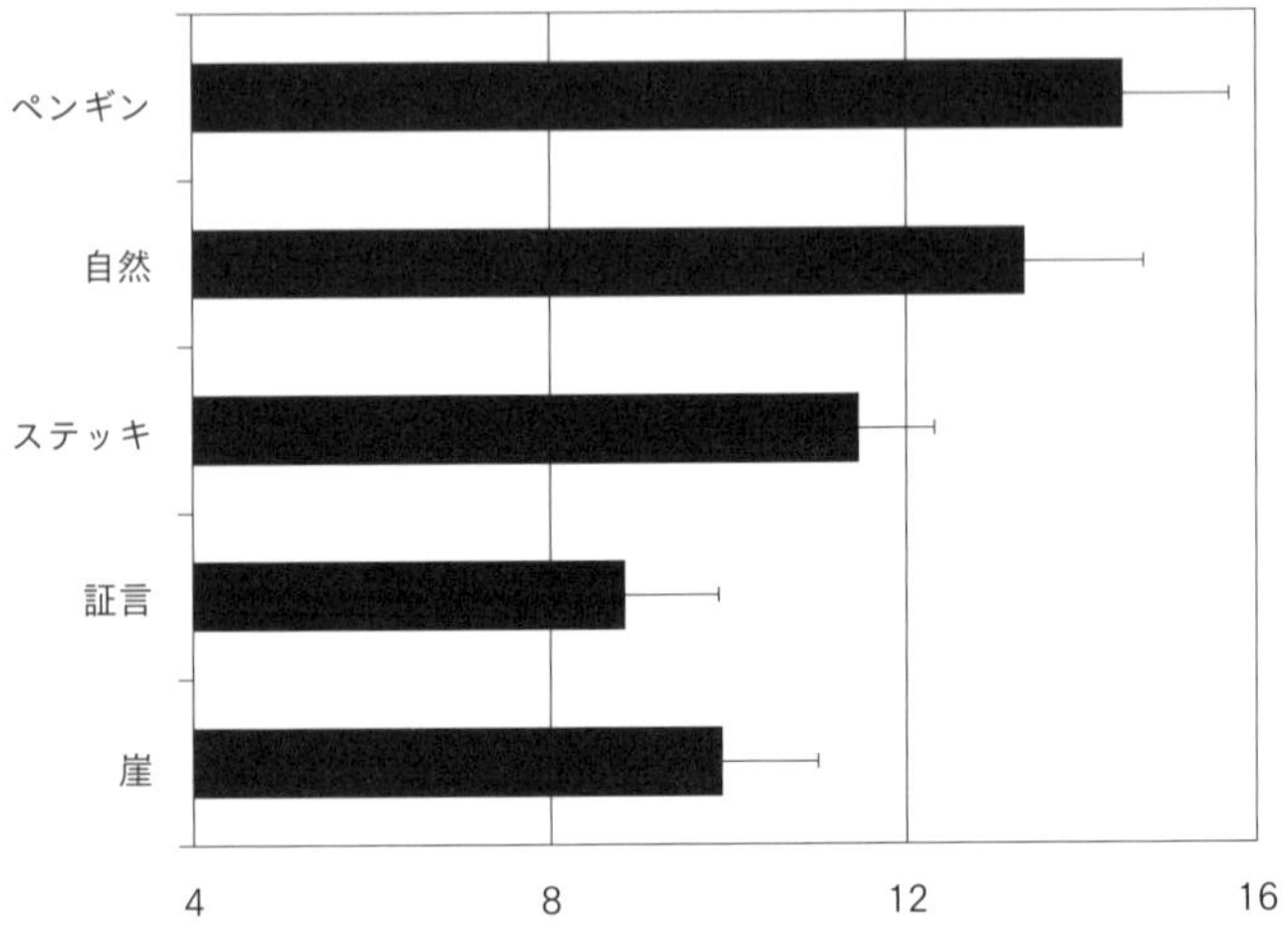

ペンギン　よちよち歩いたり、泳いだりしているペンギンの映像：主に面白さを引き出す

自然　暖かく穏やかな空の下、流れる川と山の風景の映像：主に満足と落ち着きを引き出す

ステッキ　抽象的なステッキの映像：なんの感情も引き出さない

証言　通りでアンマン教徒の通行人をなじったり侮辱している青年の映像：主に怒りと嫌悪を引き出す

崖　登山事故の映像：主に不安と恐れを引き出す

図 1-2　感情を操作する映像の実験（Fredrickson, 2013）

な他者に対しては、自己が相手の身体にまで拡張したかのような感覚をもつようになるという。だからポジティブな人は、自己の境界が他者にまで広がった結果として、他者との強い結びつきを感じられるようになるというわけだ。

ネガティブな感情を感じたら

ネガティブ感情のアンドゥー効果

前述のように人はネガティブな感情を感じると、「闘争か逃走か」の反応に迫られる。すると身体面では、心臓血管系が激しく反応することになる。

では、ネガティブな感情を感じている状態でポジティブな感情を感じるとどうなるだろうか。

フレドリクソンの実験ではまず、参加者にビデオを見せて恐怖心を抱かせた。その後、四種類のビデオを見せるグループに分けた。第一は「満足感を高める」グループ、第二は「楽しい」気持ちにするグループ、第三は中性的な風景のビデオ、第四は「悲しい」気持ちにさせるグループだった。

実験の結果、恐怖による心臓血管系の反応が元に戻るまでの時間は、第三の中性的なビデオを見せてからは四〇秒、第四の悲しい気持ちになってからは六〇秒かかった。

それに対して第一と第二グループは、わずか二〇秒で元に戻ったのだった。第一と第二のグループ、すなわちポジティブな感情をもったグループは、その他のグループに比べて、最初の恐怖の気持ちや心臓血管系の反応から早く回復するのである。

このように、ポジティブな感情には、ネガティブな感情を打ち消す効果があるという。これをアンドゥー（undo）効果という。人はポジティブな感情とネガティブな感情を同時に感じることはできないからである。

したがって、ストレスや悲しみ、怒り、不安、恐怖などのネガティブな感情を感じたときには、それを打ち消すために、素早くポジティブな感情に導くことが大切だ。そうしないと、ネガティブな感情から起こる身体のネガティブな反応にさらされ、やがて免疫機能が低下して、心臓疾患や高血圧などの病気にかかりやすくなってしまうからだ。

次に「形成」についてみていこう。

ポジティブな感情が「形成」するもの

一般的に、哺乳類の思春期や青年期にあたる時期は、他の世代と比較してポジティブな感情である好奇心を多くもっている。好奇心は、その後の人生で必要な、危険の回避や攻撃のための行動を学習するために役立っている。同じように人間でも、ポジティブな感情は、仕事の満足感を高めて、心身の健康にもポジティブな影響を与えてくれる。

慈愛の瞑想

先に紹介したフレドリクソンたちは、企業のサラリーマンを対象に、毎日ポジティブな感情を喚起してもらうという実験を行った。実験では、「今・ここ」での瞬間に注意を向け続けるマインドフルネス瞑想と一緒に、「慈愛の瞑想」をしてもらった。慈愛の瞑想というのは、相手の幸福を願う瞑想である。

三週間後、この瞑想を行ったグループは、行わなかったグループと比べて、ポジティブな感情が多くなっていた。さらに八週間後には、身体的な健康、重要な仕事の達成、親密な対人関係の質が向上するといったように、その人の人生の目標や満足感に必要な資源

（リソース）が形成されてくることがわかった。

これらの結果から、ポジティブな感情は、その人の目標にとって重要な資源を「形成する」ことに役立つことがわかる。そしてそのような資源があると、結果として生活の満足感と充実感が増すのである。

ポジティブな感情は正の上方スパイラルにつながる

レジリエンスとポジティブな感情

さらにフレドリクソンたちは、二〇〇一年九月一一日のアメリカ同時多発テロ事件を経験した大学生を対象として、ポジティブな感情の機能についての縦断的検討を行った。その結果、苦境からの回復力を示す「レジリエンス」の高い参加者とそうでない参加者では、ポジティブな感情の体験量はレジリエンスの高い参加者のほうが多いことがわかった。

その理由は、レジリエンスが高い参加者は、過去のネガティブな感情を引きずることはなく、「今・ここ」に起きている現実に意識を向け、少しでもポジティブなことを体験しようとする傾向があるからだろう。

さらに興味深いことは、レジリエンスの高い参加者は、ポジティブな感情を細分化して理解していることもわかった。つまりそのような人は、ポジティブな感情の語彙が多いため、肯定的な状況や瞬間を見逃さずにラベル付けすることができたのだ。

悲観や抑うつは、負の下方スパイラルを形作る。要するに、そのようなネガティブな気持ちでいると、行動も消極的になり、他者とのつながりも減っていく。それは健康状態にも悪影響を与え、ますます悲観・抑うつは強まる。

それに対して、ポジティブな感情は肯定的なリソースや人生の成功や幸福感を形作ることに作用する。その結果としてさらにポジティブな感情を体験しやすくなるという正の上方スパイラルが形成されるのである（図1－3参照）。

では、人はどうしたらポジティブな感情を多く体験することができるようになるだろうか。二つの視点から考えてみたい。一つは利他的であること、もう一つはタッチをすることである。

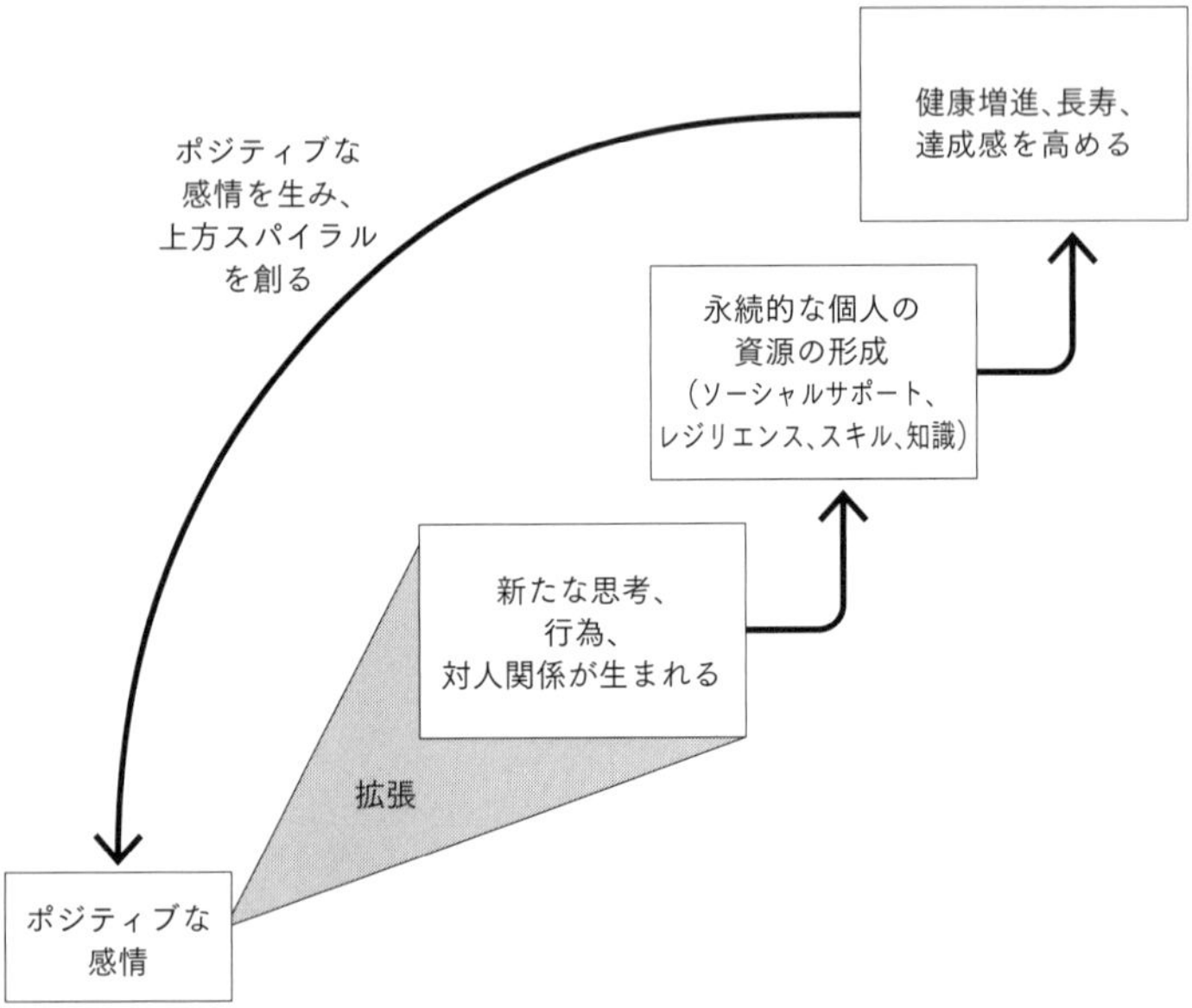

図 1–3　ポジティブ感情の「拡張—形成理論」（Fredrickson & Cohn, 2008）

3　利他的であること

他者や世界とつながっているという感覚

慈愛の心と迷走神経

人は慈愛の心によって、「自分は孤独ではなく他者や世界とつながっている」と感じることができるという。それは心身の健康をもたらすようだ。

ドイツの心理学者、バーグは、八週間以上の慈愛の瞑想（相手の幸福を願う）をした参加者たちは、迷走神経の活動が高まっていることを見出した。

迷走神経は副交感神経の機能をもち、延髄から内臓に多数の枝をのばしている。機能的には心拍数の調整、胃腸の蠕動《ぜんどう》運動、発汗や発話などに関わっている。

特に上半身（横隔膜より上）の迷走神経は、表情や呼吸、視線などの社会的な交流とも関係している。迷走神経の活動を高めてリラックスすることは、ストレスによる疾患を予防したり、免疫機能を高めると同時に、人に働きかけて人間関係を築くことにも役立つ。

こうして、慈愛や利他の心を育むマインドフルネス瞑想をしたり、後述するボランティア活動を行うことは、健康にポジティブな影響をもたらすことになる。

ユーダイモニアな幸せ

また「自分がとても幸せだ」と感じている人の細胞は、炎症反応のレベルが低いことがわかった。炎症反応はがんを含めた数多くの病気の原因となり、ストレスが高い生活を送っている人たちは概して値が高くなる。

ただし「幸せ」といっても、健康にとっては、意味のある幸せとそうでないものとがある。

米国の医学者、コールによれば、物を買ったり、おいしいものを食べるといった「快楽主義の幸福（hedonic happiness）」を追い求めている人たちは、たしかに幸せを感じていたとしても、細胞の炎症レベルは高いという。

それに対して、人生の目的を追求することから得られる「ユーダイモニアな幸せ（eudaimonic happiness)」を感じている人は、細胞の炎症レベルが低いことが見出された。ユーダイモニアな幸せというのはすなわち、自分自身の満足よりも他者に焦点をおく、慈愛の心をもち利他的な人生を送ることから生まれるという。

利他的な行動の効果

利他的な人生を送るにはどうすればよいかというと、たとえば、自分自身の快楽を追求する生活のなかで、少しだけ利他的な行動をしてみたり、瞑想を少しやるなどして、利他の心を培ってみるだけでもよいらしい。そうすることで、身体を形作る情報を伝えるリボ核酸に影響を与え、身体が細胞レベルでわずかに良い方向に変化する。

また自分自身の行動の変化は、周りの人間関係や相手の反応を変えることにもなるだろう。そこでさらに利他的な行動をとってみると、さらに自らのリボ核酸と周りの人間関係にも影響が伝わる。こうして利他の心はますます強まっていく。そしてそれに伴い、健康や幸福度が高まっていくわけだ。

ポジティブな感情を頻繁に感じると、新たな細胞の成長を促すドーパミンやオピオイド

（脳内麻薬物質）が多く放出されて、それらは免疫機能を高める働きをする。また前述のように、ポジティブな感情はストレスによる身体への負荷を低下させ、ネガティブな感情を打ち消してくれる作用もある。そのために心臓への負荷が減って心臓病を予防する効果をもたらすのだろう。

利他の心は治療効果も上げる

ここまでの話は、病気の「予防」という視点からだったが、それでは実際に心臓病になってしまった人の場合はどうだろうか。

この点について調べた米国の行動医学者、ヘイスラーは、心臓病にかかった四〇〇〇人以上の患者を対象に調査を行い、他人に無償でどのくらいボランティア活動をしているか尋ねた。その結果、過去一年間に二〇〇時間以上ボランティア活動をしていた人は、していなかった人に比べて、その後二年間の死亡率も、再発率も低いことがわかった。ただし、一年間に一〇〇時間未満しかボランティア活動をしていなかった人にはこの効果は見られず、単に抑うつ気分が低いといった効果しかなかった。

このように考えてくると、病気の予防にとっても、治癒にとっても、「利他的な行動」

が人の心と身体の健康に貢献し、幸福感をもたらしてくれる最大のキーのひとつになっていることがわかる。

寿命をのばす慈愛の心

さらに、利他的な行動は健康だけでなく、寿命をのばすことにもつながっていることまでわかってきた。

米国の心理学者、サラ・コンラスは、一万人以上の高齢者を対象にボランティア活動に関する調査を行い、彼らの生存率について追跡調査を行った。その結果、ボランティア活動に従事している人は、そうではない人たちよりも、四年後の生存率が高く、長生きであることを発見した。

しかも寿命がのびるのは、ボランティアの動機が利己的なものではなく、利他的なものである場合に限られるという。ボランティア活動をしていても、その動機が利己的な人は、ボランティア活動をしていない人と死亡率は変わらないのだ。

ボランティア活動など、人のためになることをする場合、それが健康や寿命に影響を及ぼすのは、それを行う人の「心の持ち方」がとても大切だということがわかる。つまり慈愛の要素をもっていることがとても大切なのだ。

なぜ慈愛の心がそれほどまでに重要なのだろうか。

贈与は楽しい行為

米国の神経科医、ヨルダン・グラフマンの研究によれば、お金を獲得したり、デザートを食べたり、セックスをしたりなどの、快や喜びを経験したときに活性化する脳内の「快楽中枢」は、寄付などの利他的な行動をするときにも、同じように活性化することがわかった。すなわち、他者に贈与をすることは「楽しい」行為であって、自分自身が自分のためにお金を使うとき以上に幸せ感が高まるのである。

要するに、慈愛の心をもつことがストレス緩和に役立つのは、まさにそれが「楽しいから」だといえる。

また、他者に何かを与える行動をとると、人は自分を思いやりのある人間だとみなすことができ、自分が価値ある人間だと感じる自尊感情が高まる。その結果として、他者からの信用を勝ち取り、自分が困ったときには協力を引き出すことにもつながる。

すなわち慈愛の心は、対人関係にとっても、自分の感情にとっても、健康的で幸せになるためのポジティブなフィードバックループを生み出すのだ。

集団の幸福とは

たしかに個人レベルで考えると、利他的な心は幸福や健康にとって好ましいはたらきをするが、では、はたして集団のなかで自分一人だけがそのような心をもっていたとしたらどうだろうか。それでは自分には益がなく、利他の行動は損失を生み出し、結果的に他者から利用されるだけの存在になってしまうのではないか。そうならないためには、集団全体に利他の心が広がっていく必要がある。

人間はそもそも生きのびるために、進化的にそのような傾向を強めていったのではないだろうか。だからこそ、災害の現場などで自分の命をかえりみずに他者を助けたという逸話が絶えないのだろう。そしてそうすることで結果的には、自分自身にも大きな利益がもたらされるのである。ただし、ここでももちろん、自分自身への利益を期待して利他的な行動をとったのでは、その利益もなくなってしまうことは先述の実験からも明らかである。

個人の利他の心が集団のメンバーに伝わり、それが集団内である程度共有されると、その集団自体が健康で慈愛に満ちた集団になるだろう。

ところが私たち日本人は意外なことに、このような利他的な心が非常に小さく、つまり他人に冷たい民族であることがわかってきた。その詳細については第5章でみていこう。

集団全体で利他の心を共有し、利他の行動をとることで、集団としての幸福、ひいては人類全体の幸福を追求していくことができるだろう。だが、集団が協力的になるためには、まずは自らの愛や共感といったポジティブな心を他者に伝える必要がある。

米国の心理学者、ケルトナーの「良心感染仮説」によれば、利他的な行動を受けた人は、またその人と同じように利他の心をもつようになるという。こうして徐々に利他の心は集団内に伝播していく。

したがって、同情や感謝を確実に伝え、他者に協力的になってもらうための手段が必要である。

その手段として、次にタッチについて詳しくみていこう。

第 2 章
幸福をもたらすC触覚線維

1 感情を伝えるタッチ

表情や声だけでは伝えられない、ある感情

向社会的な感情

人はさまざまな感情を、表情を変えたり、声を変えることで伝えている。しかし、ある一部の感情は、表情では伝わらないという。

前述の心理学者ケルトナーは、同情や感謝といった、他人を理解したりつながりをもつことで関係性を築こうとする向社会的な感情を伝える方法について研究した。

まず着目したのは、表情で伝える方法だった。人は困っている人に同情するとき、下唇を少し出す特徴があるという。そこでケルトナーは、この表情の写真を実験参加者に見せて、その表情から相手の感情を読み取ってもらう実験をした。しかしほとんどの参加者は

その「同情」を読み取れなかった。

次に声に注目した。人はさまざまな感情を伝えるために実に二二種類もの異なる声音を使い分けているという。そこで同情、愛情、感謝の感情を「ボーカルバースト」（「あー」などの意味のない声）を用いて発声してもらい、その声から相手の感情を判断する実験を行った。すると「同情」を発声から正しく同定できた割合は約五〇％になったが、愛情や感謝の場合は、正答率は二〇％以下しかないことがわかった。

驚くべきことだが、同情や感謝といった向社会的な感情は、表情でも声でも相手に伝わりにくいのである。ではどうしたらそれを効果的に伝えることができるだろうか。

絆を強めるために進化したタッチ

米国の心理学者、マット・ハーテンシュテインは、向社会的な感情を伝える手段として、タッチを調べることにした。タッチを通じて同情、愛情、感謝が伝達できるかどうか、実験を行った。

この実験は、二人がペアになって互いの腕に触れることで感情を伝えるというものであった。参加者はまず、怒り、嫌悪、当惑、妬み、恐怖、幸せ、プライド、悲しみ、驚き、そして、同情、愛情、感謝と一二の感情のリストを与えられた。二人の間は不透明な黒いカーテンで仕切られ、触覚以外のコミュニケーションはとれないようにした。しかも、触れられる側は、耳栓と目隠しをされた状態で座り、腕に相手から伝えられる触覚だけを手がかりにして、相手が一二のうちどの感情を伝えたいのかを判断するのである。

その結果、怒り、嫌悪、恐れといったよく研究されている感情は、わずか一〜二秒のタッチで確実に伝えることができた。たとえば怒りを伝える場合の触れ方は、「叩く」ことが多く、嫌悪を伝えるときは「押す」ことが多いといった具合だ。

またスムーズに伝わったのは社会的な感情、すなわち愛情、同情や感謝だった。人は愛情を伝えるために相手を「撫《な》で」、同情を伝えるために「軽く叩き」、感謝を伝えるために「握手」をした。

一方、うまく伝えられなかった感情は、当惑、妬み、プライドといったように、自意識が関係する感情だった。

これらのことからハーテンシュテインは、タッチが伝えるのは、困っている人に同情し、協力し、協力してもらったことに感謝するといった感情であり、それらは人と人とを結びつけ、絆を強める手段として進化したのだと考えている。

では私たちはなぜ、タッチでポジティブな社会的感情を伝えるようになったのだろうか？　それを人間の祖先であるチンパンジーのタッチ、すなわちグルーミング行動からみていこう。

チンパンジーのグルーミング

チンパンジーは、起きている時間の実に二〇％以上の時間をグルーミング（毛づくろい）に費やしている。ふつうの野生動物は、食料や身の安全を確保する必要があるため、それほどの長い時間をグルーミングに費やすというのは、異常だといえる。それでは、なぜ霊長類は、グルーミングを重視しているのだろうか。

グルーミングの役割としてこれまでは、バクテリアやウイルスを媒介する寄生虫を互いに取り除くことで、生きのびるチャンスを増すためであるという説もあった。しかしよく調べてみると、寄生虫が見つからなくても、もともと寄生虫がまったくいない環境でも、かれらは同じように熱心にグルーミングを行っていたのだ。

実は、サルやチンパンジーは、集団を維持するための手段として、グルーミングを用いているのである。その意味は二つあるようだ。

（1）グルーミングの役割

グルーミングの役割の一つは、互いにリラックスすることにある。人間もそうだが、互いにリラックスした状態でなければ相手と親密な関係を築くことはできない。相手に対して不信感や敵対心があったら、一緒にいてリラックスはできないからである。

このリラックスの機能は、厳密にいうと二つある。一つは互いに良い仲にある個体同士が、互いの地位を確認したり、親子でくつろいで、絆を強めるための行動である。そしてもう一つはケンカなどをして関係が崩壊しそうになったときに、その関係を修復して元に戻すための行動である。

順番にみていこう。

①絆を深めるグルーミング

よく動物園などでサルたちが、リラックスして互いに気持ちよさそうにグルーミングしている場面を目にすることがある。このとき、グルーミングをされる側の個体には驚くべきことが起こる。

グルーミングされた個体の脳の中では、エンドルフィンという快感物質が大量に分泌され、ストレスホルモンの濃度が低くなっているのだ。そのためグルーミングをされているうちに腹を出したまま完全に眠りこんでしまうこともよくある。野生動物で腹を出して寝るなどという行動は、あまりに無防備なので、通常は絶対に起こらない。

グルーミングは、撫でるような触覚刺激ではなく、毛皮の毛をかき分けて、なかにいる寄生虫をつまんで取り除いてやるような触れ方である。それでも他個体の肌に直接触れるということは、チンパンジーやサルなどの野生動物にとっては非常に稀有な体験である。

つまり、グルーミングはそれほど気持ちよいものであり、また相手を完全に信頼しているからこそ、腹を出して寝てしまえるのである。

それに対してグルーミングをする側のほうは、グルーミングをしているあいだ、相手から全幅の信頼をおかれ、相手の命も預かっているという意識で行っているようだ。その証拠に、グルーミングしながら周囲に危険がないか、つねに目を光らせている様子が見てとれる。

②攻撃性を抑えるグルーミング

カナダの動物行動学者、コンラート・ローレンツは、動物が互いに攻撃してケンカをするのは、個々の動物を、空間的にある程度バラバラにする効果があると指摘した。

動物は狭い空間に高い密度で生活していると、餌が少なくなり群れが絶滅してしまう危険性がある。それを避けるために、密集することに対し敏感に反応するのだという。

たとえばネズミを狭い空間のなかで密集させて飼うとどうなるか。ネズミは互いに殺し合ったり共食いしたりするようになる。

では、サルではどうだろうか。マイケル・マクガイヤーの研究によると、サバンナモンキーをいろいろな広さの空間で放し飼いにして比べてみたところ、もっとも混みあった条件でも殺し合いは発生しなかった。

なぜだろうか。じつは、サバンナモンキーたちは、混みあった空間で生活しているほど、互いに注意を払わなくなり、できるだけ地面や空などの、仲間以外のところを見るようになったのだ。

動物にとって、視線が合うことは攻撃を意味する。サバンナモンキーたちは、攻撃を避ける行動をとっていたのだ。私たち人間でも、満員電車ではスマートフォンや吊り広告や車窓などに目を向け、混みあうほど互いから視線をそらそうとするのと同じだ。

さらに高度な類人猿の場合はどうだろうか。オランダのアーネム動物園のチンパンジーの集団を観察した、キース・ニューウェンたちの研究が参考になる。

その動物園では、チンパンジーたちは夏と冬では広さが異なる空間で飼育されていた。夏は屋外の広大な敷地で生活していたが、冬はその二〇分の一程度の広さのホールの中で飼われていたのだ。

しかし、混雑した狭い空間で飼育されていても、攻撃はわずかにしか増えないことがわかった。彼らの行動を詳細に観察してみると、狭い部屋ではグルーミングや挨拶行動が増えていたことがわかった。

このように、霊長類にとって、グルーミングは攻撃性を抑えるもっとも確実な方法なのである。

ケンカの修復に役立つグルーミング

それでは、ひとたびケンカが起こってしまった場合はどうだろうか。

チンパンジーはケンカ後の仲直りに、積極的にタッチングを用いている。たとえば一方が手のひらを開いて片腕を差し出したり、両者がハグやキスをすることもよくある。ドゥ・ヴァールによると、攻撃的な行動が起こった後、彼らの四割は三〇分以内にタッチングをするという。さらに興味深いのは、チンパンジーの集団では、ケンカを傍観していた他のメンバーたちが、ケンカをした当事者に対して「なぐさめ」の行動をとることだ。「なぐさめ」とは、相手の緊張や不安を和らげたり、他者を積極的に元気づけたりするための行動をさす。ちなみに「なぐさめ」ではキスよりハグが多く、ケンカの和解の際はハグよりキスが多くなるという。

これは、人間でも「同情」するために「ハグ」を用いるというハーテンシュテインの研究と、一致している点もあるようだ。

（2）グルーミングが言語を発達させた

こうして、グルーミングやタッチは向社会的な役割をもつようになっていったのだろう。チンパンジーなどの集団では、ネガティブな感情を伝えるための手段としては、グルーミングやタッチは必ずしも必要がない。

たとえば「恐怖」は集団の他のメンバーに、敵が近づいていることを知らせる感情であり、音声のほうが、表情やタッチよりもすばやく遠くまで伝えることができる。「怒り」であれば、自分の意思に反する相手に自己主張する行動であるため、表情や音声のほうが相手を傷つけずに伝えることができる。タッチによって伝える場合は、相手の身体に損傷を与えるような激しい怒りに限られる。

それに対して愛や感謝、同情といったポジティブなタッチは、一対一のていねいなタッチをしないと伝わらない。だから生活のよりどころとしての集団を維持していくためには、このポジティブなタッチを面倒でも頻繁に行っていく必要があるのだろう。

ところが、集団が大きくなると、問題が起こってくる。

英国の人類学者、ロビン・ダンバーは、霊長類がグルーミングに費やす時間は、集団サイズと直接関係していることを突き止めた。そして集団サイズと関係があるのは、大脳であった。とはいっても、大脳の大きさそのものではなく、大脳の表面にあるわずか数ミリの大脳皮質の厚さであることを発見し、それを公式として発表した。

その公式に当てはめると、ヒトの場合、ほとんどのメンバーが少なくとも視覚的に互いを知ることができる集団の人数は、一五〇人程度と推定された。そして一五〇人というヒトの集団サイズを維持するためには、一日のグルーミングの必要量は二四時間のうち約四〇%にのぼると予測した。

ところが、採食などに多くの時間がかかることを考えると、グルーミングに費やせる時間はせいぜい二〇%であり、四〇%というのは現実的には不可能となる。そこでグルーミングに代わるような、一度に多くの個体と接して情報を伝達できる手段として、言葉を発達させたのだ、と主張した。

またダンバーは、グルーミングが人間社会でいうゴシップ（噂話）に似ているとも指摘している。グルーミングは、互いの絆をチェックしあう日々の生活のなかで行われる、ポジティブなコミュニケーションであり、互いの協力や親密感や信頼を高める社会的関係の接着剤だというのである。

人間は知能が高くなるにつれて、集団サイズが大きくなり、その結果、グルーミングだけでは集団を維持することができなくなってしまった。そこで言語を発達させていったというのがダンバーの主張だ。つまり、言語の起源はグルーミング、タッチにあるというわけだ。

2　ポジティブな感情を伝えるC触覚線維

こうしてグルーミングが進化して、ヒトのタッチに受け継がれていった。それゆえ、私たちは同情などの向社会的な感情を効果的に伝えられるわけだ。

ただし、タッチされる側に目を向けるとどうだろう。そのようなタッチの種類を的確に区別できるような神経系を同時に発達させないといけない。タッチングの行動だけを発達させても、視覚や聴覚ではその意味を解読することはできないからだ。

次に、そのような特殊な神経が進化の過程で備わっていった事実をみていこう。

魚も快を感じている

シンガポールの心理学者、シルマーたちは、魚をマッサージするとストレスが軽減することを発見した。

魚をマッサージすると聞くと、「逆にストレスになるのではないか」と思う方もいるだろう。実はマッサージといっても、水流のある水槽に入れて、全身に水の刺激を与えるという方法だ。

まず、三〇匹あまりのゼブラフィッシュを、ストレスを与えるグループと与えないグループに分ける。そして、ストレスを与えるグループは、彼らが嫌がる液体の中で二分間泳がせ、その後、水流のある水槽に入れるグループと、水流のない水槽に入れるグループに分けて三〇秒泳がせ、その後、観察用の水槽に移して、泳ぎ方を観察してみた。

ゼブラフィッシュは、ストレスや不安を危険なサインとみなし、それを感じると水槽の底のほうを泳ぐ性質がある。観察の結果、水流で触覚を刺激されたグループは、水流のないグループよりも、上のほうを泳いでいた。また同時に彼らの血液を少しとって、ストレスホルモンのコルチゾールの値を測ってみたところ、水流のあるグループのほうがコルチゾール濃度が低いことがわかった。

次に第二実験では、ゼブラフィッシュの触覚を麻痺させて実験をしたところ、水流の効果がなくなってしまった。このことから、ストレスを減少させたのは触覚の影響であることがわかった。

通常、魚類は、社会的な生物とは考えられていないし、この実験での触覚刺激は、他の動物での実験のように、他個体に触れられたことによる触覚ではない。しかしそれにも関わらず、物（水流）に触れることによる触覚でも癒し効果があったのには驚かされる。社会性の萌芽のようなものが魚類の頃から生まれているといえそうだ。

さらには、これまでは、触れて癒したり絆を築く効果は、皮膚に毛皮があるからこそ起こると考えられてきたが、魚でもそのような効果があるということは、毛皮という条件はかならずしも必要がないのだと考えることができる。

掃除魚のマッサージ

マッサージ好きな魚は他にもいる。たとえばニザダイという魚は、皮膚につく寄生虫を取り除いてくれる、ホンソメワケベラなどの「掃除屋」（掃除魚）と共生関係にある。

ところがこの掃除魚はニザダイを騙して、ニザダイの皮膚を守る大切な粘液を食べてしまうことがあるという。粘液は一度食べられてしまうと、それが元に戻るまでにたいそうな時間を要し、ニザダイにはストレスがかかるという。

このとき掃除魚はニザダイをなだめるために、背中側にまわってひれで背中をマッサージしてやるという。実際に、そのようにマッサージされたニザダイは、ストレスホルモンのレベルが急降下するのだという。

このような、触れられることでポジティブな感情を生み出す触覚線維《しょっかくせんい》のことを、C触覚線維という。

快の感情に関わるC触覚線維

トップダウンとボトムアップ

オランダの神経科学者、ガッゾラたちは男子大学生を対象に、彼らが足を撫でられたときの脳の活動を測定した。このとき男子大学生たちは、「魅力的な女性に」撫でられている、あるいは「男性に」撫でられていると思い込まされた。（ただ残念なことに、実際には彼らはみな、別の女性実験者に撫でられていたのだが。）

実験の結果、魅力的な女性に撫でられていると思わされた学生は、脳の島《とう》という部位が大きく反応していることがわかり、実際に快をより強く感じていることがわかった。

撫でられる触覚に反応するC触覚線維それ自体は、快の感情に関わるものであり、ストレスや痛みを癒すポジティブな作用をもつ神経線維である。これは身体から脳に入る、上にのぼる方向のルートを通るため、「ボトムアップ」という。

ところが、その刺激を与える人（つまり誰に触れられるかといったこと）や、相手はどんな意図で触れたかといった文脈の判断などの、前頭葉や皮質からもたらされる「トップダウン」の認知的判断の影響によって、ボトムアップの快感が大きくなったり小さくなったり、場合によっては逆転してしまう事態も起こるのである。

痛みの感じ方にも影響

少し話は外れるが、このトップダウンの影響を痛みの治療に積極的に用いることもできそうである。

ノルウェーの神経科学者、エリングセンたちは、参加者に脳内ホルモンのオキシトシンの効果を伝える際に「痛みに効く」と説明した後、軽く痛みを与えた。するとオキシトシンの効果を説明された参加者たちは、そうでない参加者よりも痛みの評価が軽くなった。

あるいは「性感が大きくなる」という説明をしてオキシトシンを吸入して腕を撫でた場合、そのように説明を受けた人の脳活動は、説明を受けなかった人よりも大きくなることがわかった。

この結果はつまり、認知判断する領域（体性感覚野）から、快や痛みの感情に関わり、感覚を感じる領域（腹内側《ふくないそく》前頭葉前部皮質や中脳水道周囲灰白質《ちゅうのうすいどうしゅういかいはくしつ》）へのトップダウンの神経伝達が起こることで、感情自体の大きさも変えてしまうことを示している。

心をおしはかる――メンタライジングのはたらき

スウェーデンの医学者、リングレンは、参加者の前腕に対して、「人の手で」または「ゴム製の手で」、「動かさずに触れる」または「ゆっくりと触れる」場合の脳活動を測定した。

すると「人の手で」「ゆっくりと触れる」場合がもっとも脳活動が高まり、心理的にも快を感じていることがわかった。特に反応が大きかった脳部位は、前帯状皮質膝前部《しつぜんぶ》(pregenual anterior cingulate cortex; pgACC) という部位で、この部位は幸福や快などポジティブな感情を感じるときに反応することがわかっている。
さらに興味深いことに、この部位はメンタライジングといって、相手の心を推し量るときにも活動する。メンタライジングとは、自分の身体を相手の身体と重ねるようにして、相手はどのような気持ちなのかを理解しようとする心のはたらきである。だから男女のタッチングの場合も、物理的には同じ刺激であっても、女性にとってはそこに男性の性的な意図があるかどうかといった、メンタライジングのはたらきが加わるため、もともとは快である触覚の刺激が、相手によっては不快なものに変わってしまうこともあるのだ。

いずれにしてもこの結果から、相手にゆっくり触れられて幸福や快といったポジティブな感情を感じるときには、タッチングから相手の意図を読み取ろうというメンタライジングの作用も起きていることがわかる。だからこそ、同情や感謝といったポジティブな感情が正確に相手に伝わるわけだ。

では、逆に触れる側に着目した場合、他人に触れるとき、人は意識的にこの遅い速度で触れているのだろうか？

相手のことを想う触れ方

ドイツの心理学者、クロイたちは、実験参加者に「人工の腕を撫でてもらう」、「恋人の腕を撫でてもらう」、「自分の赤ちゃんを撫でてもらう」条件を設けて、それぞれの場面で手を動かして撫でる速度を計測した。

すると、人工の腕を撫でる場合の速度は平均一九センチメートル／秒だったのに対して、他の二つの条件では、一〇センチ／秒前後であった。人は人に触れる場合、特に大切な人に触れる場合には、自然にこのゆっくりな速さで触れていることがわかる。

つまり、人は相手のことを想って触れるとき、自然にこのＣ触覚線維を発火させる速度で触れているのだ。そしてその思いがメンタライジングによって同定されて、コミュニケーションが成立する。人は、このような神経基盤をもっているのだ。

3　コミュニケーションとC触覚線維

触れるだけで身体内の活動が同期する

フランスの神経科学者、シャテル＝ゴールドマンらは、恋人同士に実験に参加してもらい、それまでの二人が経験したエピソードのうち、ポジティブなものとネガティブなものをそれぞれ一つずつ話し合って選んでもらった。

次にカップルのうちの一方には、そのときに感じた感情を思い出してもらい、それを手で相手に伝えてもらった。もう一人には、相手の手に自由に触れてもらい、伝え手の感情を推測してもらった。ただし二人のあいだはつい立てで仕切られ、耳栓をして相手の様子は触覚以外からは一切わからないようにしてある（図2―1参照）。

このとき、互いの手に触れず、姿も一切見せずに、相手の感情を推測してもらう条件も設けた。そしてそれぞれの身体内の変化（皮膚電位反応や自律神経、心拍などの内臓系の状態）を測定してみた。

実験の結果、興味深いことがわかった。

手に触れることができる条件では、二人の身体内の変化はほぼ瞬時に同期したのだ。皮膚電位反応でも自律神経でも心拍でも同じように、二人の状態は同期していた。

このように身体の内部の変化は、触れた瞬間に起こるため、前頭葉の認知的な判断を介さずに、Ｃ触覚線維によって起こったことだとわかる。つまり、互いの手や腕に自由に触れたことでＣ触覚線維が興奮して、それが脳に同じように伝わり、身体内部の状態を同期させたのだ。

よく、親しい恋人同士が久しぶりに再会したとき、あるいは別れるときなどに、抱き合ったり、あるいはスポーツのチームメイト同士が喜びで抱き合ったり握手したりするシーンを目にすることがある。そういったタッチングというのは、触れることで相手をなだめようとするのではなく、喜びや悲しみを共有しようという無意識的な行為であるといえるだろう。

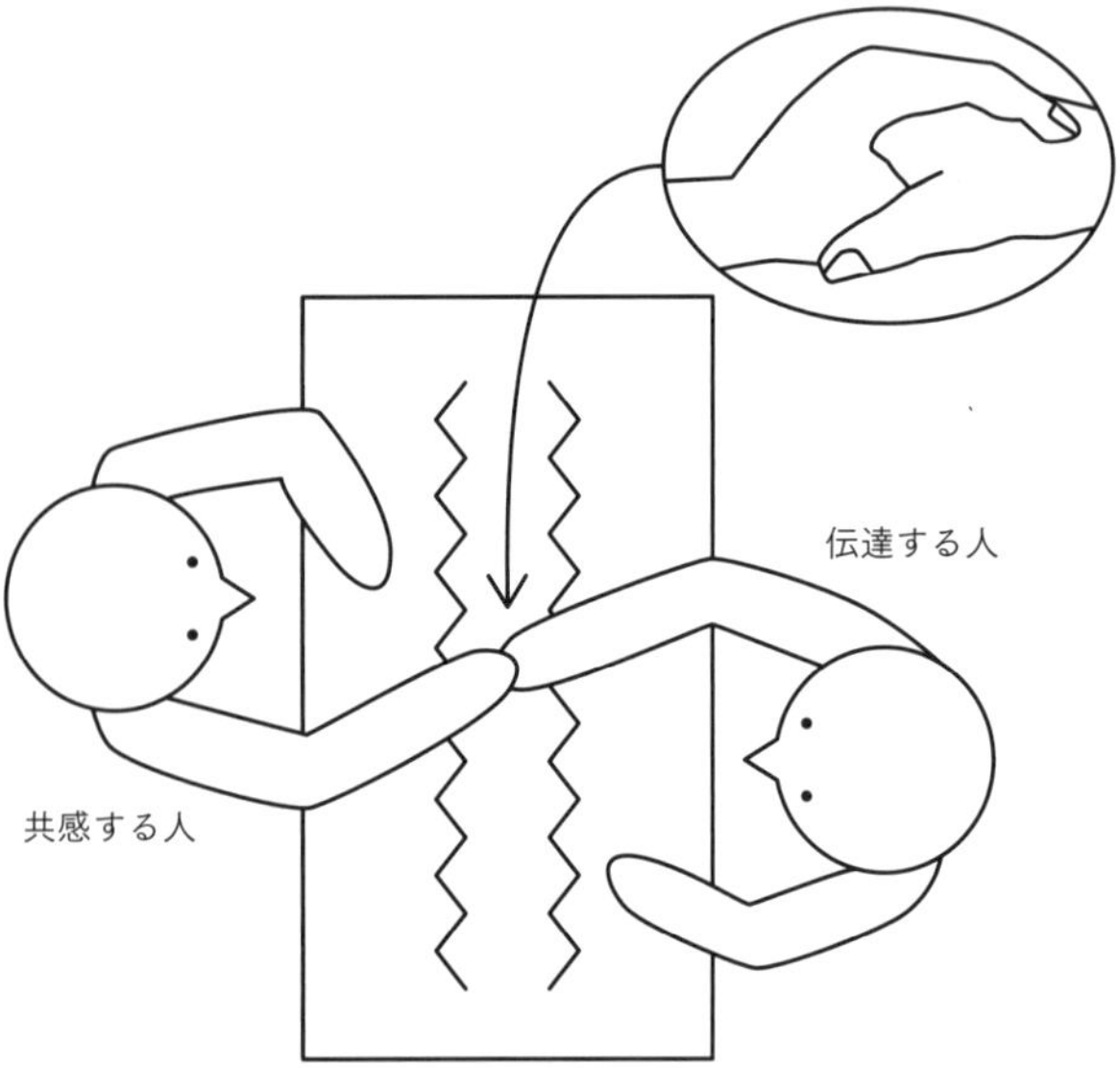

図 2-1　触れるだけで身体内の活動が同期する

触れなければ影響は小さく、共有の度合いも小さいが、相手に触れることで身体レベルで共振して同期するのだ。その神経的な基盤が明らかになったのである。

ポジティブ・リゾナンス

さらにイスラエルのフェルドマンによると、母と子が対面して、触れ合ったり見つめ合ったりしていると、両者のオキシトシンの分泌レベルが似てくることがわかっている。これは、父と子の触れ合いでも同様にみられる。

こういったことは、「ポジティブ・リゾナンス（ポジティブな響き）」と呼ばれている。この現象は、ヴァーチャルなコミュニケーションだけでは起こらずに、アイコンタクトやタッチ、声、身体の共振などの身体的な要素が必要条件であるともいわれている。

ＳＮＳなどによるコミュニケーションでは、そのような現象は起きにくいため、本来私たち人が行ってきた、心地よい、感情を分かち合うようなコミュニケーションは、ＳＮＳには期待できない。

C触覚線維は赤ちゃんから

ドイツの心理学者、フェアファストたちは、生後九か月前後の赤ちゃん二〇人に対して、刷毛《はけ》を使って、三種類の速度で前腕に触れたときの、赤ちゃんの視線の動きや、心拍数について測定した。

三種類の速度とは、秒速〇・三センチメートル、三センチメートル、三〇センチメートルの三つだ。

その結果、赤ちゃんは秒速三センチで触れられたとき、心拍がゆっくりになってもっとも落ち着いていることがわかった。またこの速度で撫でた場合、撫でる人を見つめる時間がもっとも長いこともわかった（図2－2参照）。

赤ちゃんは通常、快適なものを見つめ、不快なものからは目をそらすことから、この速度をもっとも快適に感じているといえる。そしてそのような快を与えてくれる人に目を向けてその人の気持ちを推し測ろうとする行動が見られた。これは愛着の始まりであるといえるだろう。

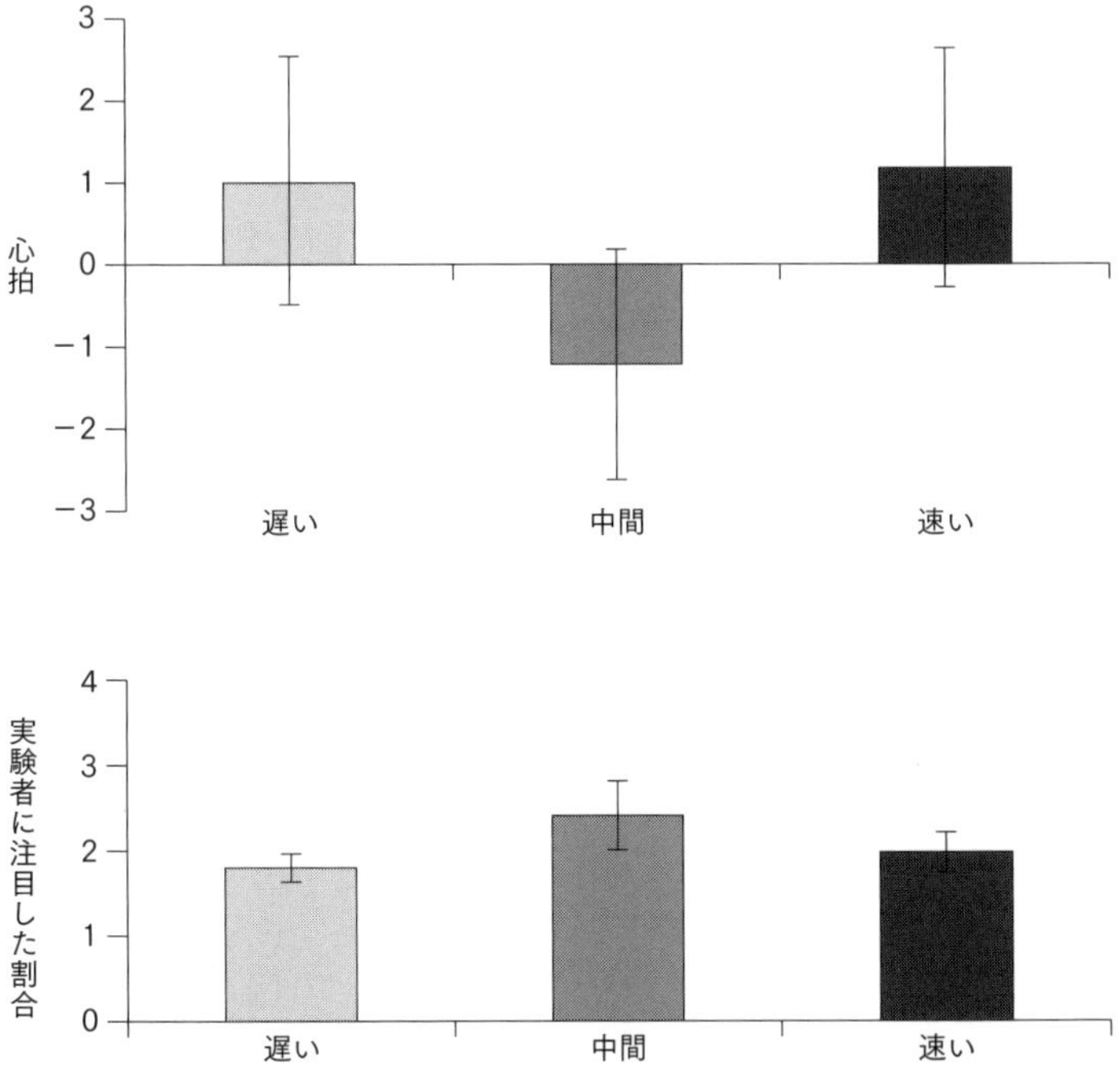

図2–2　遅い（0.3㎝／秒）、中間（3㎝／秒）、速い（30㎝／秒）の速度で赤ちゃんの腕を刷毛で撫でたときの反応（Fairhurst, et al., 2014）

また、この速度に快を感じるメカニズムは、経験から学習したものではなく、生まれつき備わっているものだということがわかる。

C触覚線維はポジティブな感情を伝えるだけではなく、メンタライズやポジティブ・リゾナンスといったことのように、人間のコミュニケーションにとって、とても根源的な役割を担っている。そして人間は、そもそもそのような神経基盤をもって生まれてくるともいえる。

４　身体的自己とＣ触覚線維

ラバーハンド・イリュージョン

ラバーハンド・イリュージョンという有名な実験がある。

たとえば図２−３のように、左右の腕をそれぞれ机の上に置く。右腕の内側には自分の腕と同じ形のゴム製の腕（ラバーハンド）の模型を置く。そして実際の自分の右腕とラバーハンドの間には、つい立てを置いて、自分の腕が見えないようにする。

そして実験者は、実験参加者の左腕とラバーハンドを、刷毛などを使ってそれぞれ撫でるのだが、そうすると実験参加者には、実際には撫でられていない自分の右腕が撫でられたような錯覚が起こるのだ。

つまり視覚的にラバーハンドが撫でられているのを見ただけで、実際には触覚を感じていない自分の右腕が撫でられているように感じて、ラバーハンドのほうを自分の腕である

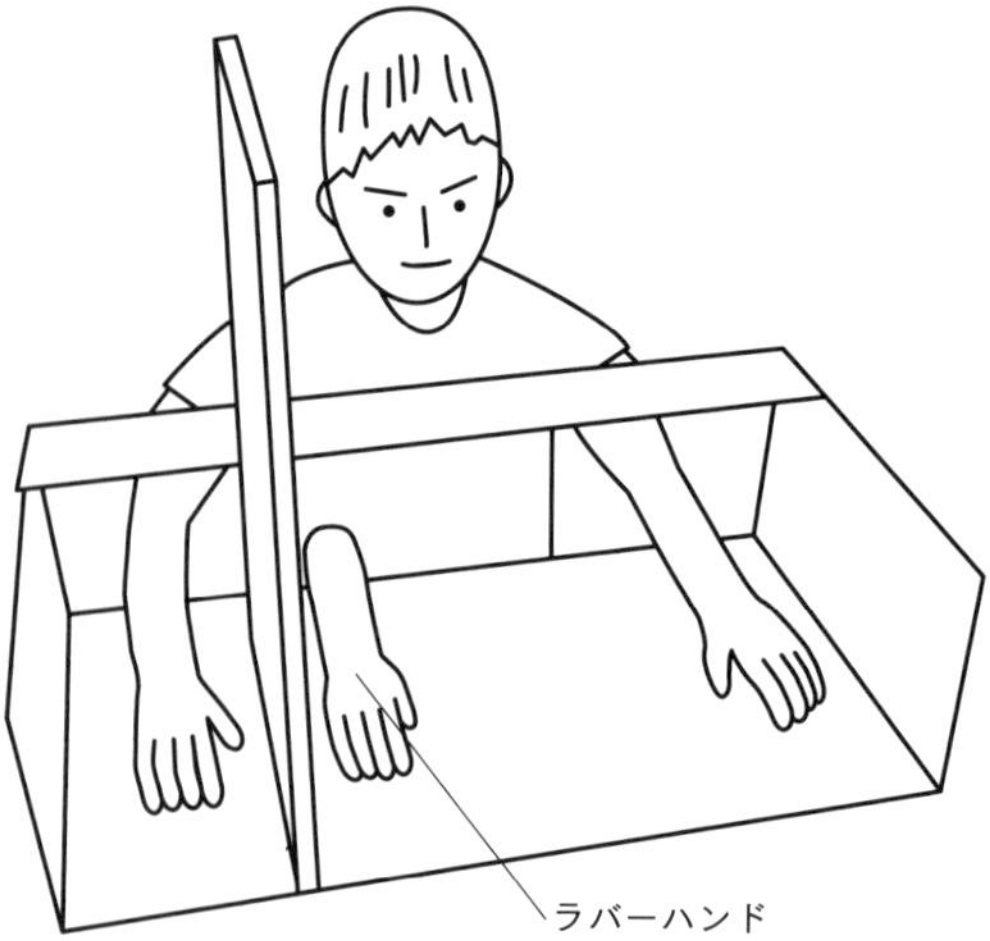

図 2-3　ラバーハンド・イリュージョン

というように感じてしまうのだ。

これは専門的には、自分の所有する腕という意識がなくなったことで、「身体所有感の移動」が起こったとされ、右腕の体温は実際に若干低下するという。

英国の心理学者クルシアネリたちは、この装置を使って、参加者の左腕とラバーハンドを三種類の速度で撫でてみた。すると、ゆっくりした速さで撫でてＣ触覚線維を興奮させたときに、「自分の腕だ」という所有感覚がもっとも高まることがわかった。つまり、自分の身体を内側から感じ、それが自分の腕であるという感覚がもたらされたのだ。

よく認知症の患者の背中をゆっくりと撫でていると、自分の背中の感覚がわかったとか、自分の背中の範囲がクリアになったというような感想を聞くことがある。それはゆっくりした速度で触れることで、身体の所有感が高まったことによると思われる。

また生まれつきの難病で、Ｃ触覚線維が欠損している人は、他者が撫でられているのを見ても、撫でられている人の感覚や感情を推測しにくいこともわかっている。

人間以外の動物の場合、生まれた子どもの全身を母親が舌で舐《な》める光景を目にすることがある。そのときの速度が、このゆっくりとした速度と同じである。そのように撫でられると、子どもは快を感じ、自分の身体を自分のものであると感じとるようになる。

自然界ではいつまでも母親の身体と自分の身体を同一視していたとしたら、母親に庇護《ひご》されている感覚から抜け出せず、敵に襲われて捕食されてしまうことを意味する。自分の身は自分で守るという意識を高めるために、母親は子どもの全身を舐めるマッサージをしているのかもしれない。

日本人と身体的自己

西洋では「自己」を身体と切り離して考えるのに対して、日本人はそれを身体と一体のものとして捉えている。たとえば「腹がすわっている」という表現にもみられるように、心と身体を一つのものとして捉えているのである。

日本人が昔から身体的自己をもつ民族であることの根幹には、「べったり育児」の伝統があったことと無関係ではないだろう。

日本では、一昔前までの母親は、子どもをつねにおんぶして農作業や家事をしていた。抱っこにしても、子どもを兵児帯《へこおび》といった簡素な布で母親の身体にくくりつけていた（図

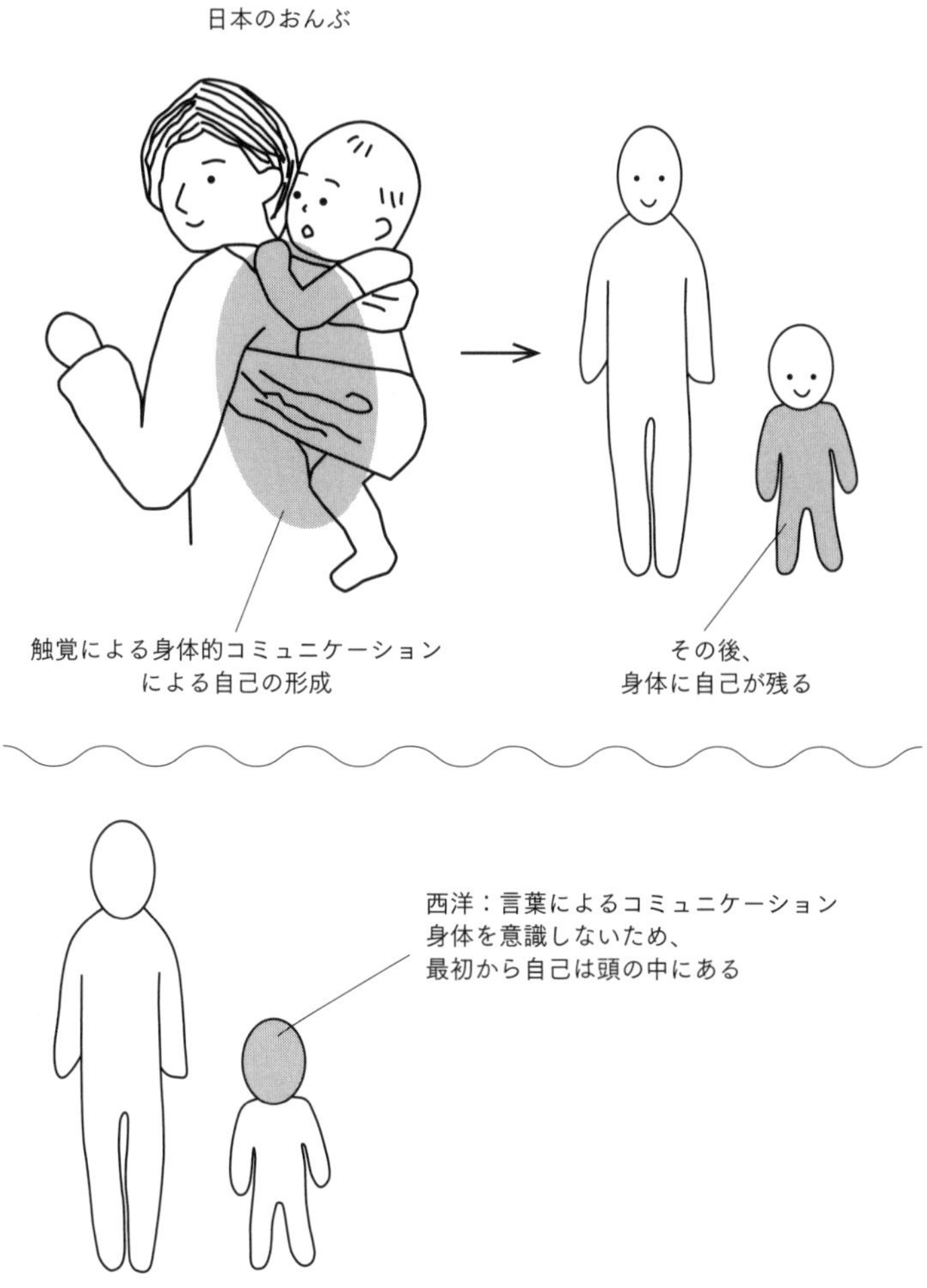
日本のおんぶ
触覚による身体的コミュニケーション
による自己の形成
その後、
身体に自己が残る
西洋：言葉によるコミュニケーション
身体を意識しないため、
最初から自己は頭の中にある

図2-4　おんぶによる身体的自己の形成

2–4参照)。すると子どもは母親に振り落とされないように、しがみつこうとする。そのようにして子どもは母親の体温を感じたり、母親の皮膚や衣服とも触れ合っていたことだろう。

そうして子どもは、触覚の刺激をつねに感じることで自己と身体を共に感じ、やがて身体と自己は一致するようになる。そして、相手の気持ちをおしはかる力を育んでいったのだろう。

身体軸を触れられる側に合わせる

シンガポールの心理学者、シルマーたちは、実験参加者たちに図2–5のイラストを見せて、それぞれどのように感じたかということを評価してもらい、また実験参加者がどの部位を見ているかをアイトラッカー(視線を追跡する装置)をつけて測定した。図の点線で囲まれた部分がよく視線が注がれた部位である。

実験の結果、図2–5のAの右と左を比べると、左のタッチがある絵は、右のない絵よ

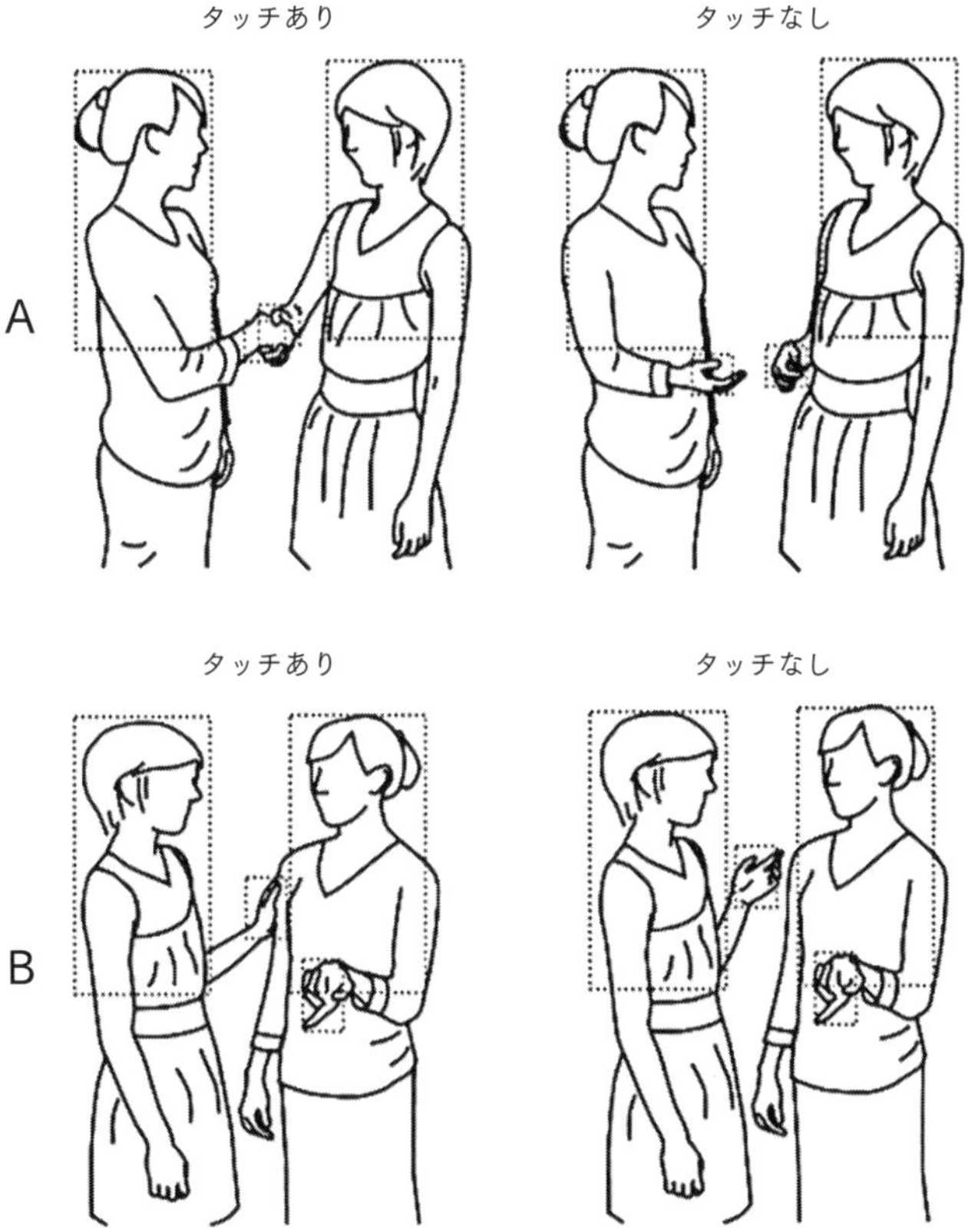

図 2-5 「タッチのある絵」と「タッチのない絵」(Shilmer, 2015)

りも、より好意的に評価されることや、左の絵のほうをより長く見る傾向があることがわかった。さらに図2‐5のBの左のように、相互に対称ではないかたちのタッチの場合は、最初は触れられた人に視線が注がれるが、次に触れる人のほうに視点が移動することなどがわかった。

つまり人は自分がタッチを受けた人の身になって、触れる人の意図をメンタライズして推測していることがわかる。人は触れる人に自分の身体軸を合わせるのではなく、「触れられた人」に合わせるのだ。この現象は重要なので、もう少し詳しくみていこう。

ポジティブな感情を伝えるタッチをするとき、人は触れられた人に注目して、その人の表情などを参照することで、その人と同じくポジティブな気持ちになるのだろう。原始の社会ではそうした現象が集団のなかに次々と広がっていき、集団全体がポジティブな感情をもつようになったのだと思う。

それに対して、攻撃的でネガティブなタッチの場合は、そうはならないだろう。つまり叩いたり殴ったりしてくる側の人を第一に見るに違いない。進化の過程で、人類はつねに身の危険にさらされてきたため、まずは触れてくる相手が危険な人物ではないかどうかに目を向けるからだ。

見るだけでＣ触覚線維が興奮

研究によるとＣ触覚線維は皮膚を秒速三〜一〇センチメートル程度の速度で撫でられたときに、島皮質に刺激が伝わって快を感じる。

実はこの神経線維は、映画などで他人が撫でられているのを見るだけでも反応するのが興味深い。しかも、他人が撫でられているときの速さも、秒速三〜一〇センチのとき、もっとも反応するのだ。この現象は、痛みや痒《かゆ》み、くすぐったさなどの皮膚感覚に一般に共通する現象でもある。

こうして、「タッチによって」ポジティブな感情が生まれ、それが「タッチによって」集団内に広がっていくことで、人々の幸福や利他の心も広がってゆくのだろう。共感や幸福、慈愛の心が集団内に広まるために、タッチは必要不可欠な行為なのだ。

第 3 章

タッチが幸福感を高める

1　人間関係と幸福なタッチ

幸福な感情が集団内に広がるために、タッチが必要不可欠な役割を担っていることがわかった。本章では、幸福感を高め、絆を築き、親密な人間関係をつくるさまざまな人間関係のタッチについてみていこう。

どのように触れたら、ポジティブな感情に結びつくのかということについては、それぞれの人間関係によっても異なっている。

ここではライフステージ別に、まずは人間のポジティブな感情を育む原点となる、親子関係からみていこう。

親子のタッチ

安定型愛着スタイルとタッチ

アニフェルドたちは、生まれたばかりの新生児五〇人を二つのグループに分けて、一方のグループの母親には抱っこひも、もう一方のグループにはベビーキャリーを与え、それぞれ毎日使ってもらうように指示した。そして毎月、母親と子どもとのコミュニケーションや、子どもの愛着行動について観察を行った。

すると子どもが生後一三か月経ったときに、抱っこひもで育てたグループは、安定型の愛着のスタイルになっていることがわかった。安定型の愛着スタイルというのは、子どもが不安や危険を感じたりしたときに、すぐに母親のもとに行き慰めてもらおうという行動をとることをいう。つまり母親を安全基地として利用できる関係がつくられているということだ。そしてそのような子どもの母親は、概して子どもの感情に敏感に反応している。

そのような研究結果を踏まえると、抱っこひもでいつも子どもと肌を接していた母親は、オキシトシンが高い状態になり、子どもの感情に敏感に反応するようになった結果、子どもは安定型の愛着スタイルを築くようになったのだと考えることができるだろう。

またウェイスは、新生児一三〇人と母親を対象に研究を行った。

まず子どもが三か月の時点で、母親が子どもに食事させている様子をビデオで観察した。その後、それぞれの子が一歳になったときに、子どもの愛着スタイルを測ってみた。

すると、子どもの安定型の愛着スタイルと関係があったのは、単なる母親のタッチの量ではなく、キスやハグといった愛情のこもったタッチ、すなわち「タッチの質」であることがわかった。ただ単に子どもに触れるだけでは、愛着には特に何も影響を及ぼすことはなく、タッチを通して母親の愛情が子どもに伝わることで、子どもにもオキシトシンが分泌されたのだといえる。

「絆ホルモン」オキシトシン

このような愛情の源になるのは、オキシトシンという脳内ホルモンである。オキシトシンは「絆ホルモン」とも呼ばれ、脳の中で働き、相手との信頼関係や愛情の関係を深める作用がある。

ラットの実験では、生後三週間ほどで母親の養育によってオキシトシンの分泌量に差が出てくることがわかっている。人間でいえば生後半年〜二歳といった時期に相当する。この時期は人間の場合、愛着の敏感期とも呼ばれ、特に親子の安定した愛着の関係を築くためには重要な時期である。

つまりこの時期に母親から愛情のこもった接触を受けると、脳内でオキシトシン細胞が増えると考えられる。すると成人後にも、人を愛したり、人との親密な関係を築きやすくなる。

人間にとって、愛とは生まれながらに備わっているものではない。人は生まれてからの母親との接触によって、オキシトシン反応としての愛を学ぶのである。親子で触れ合って互いに身体レベルで同調することが、子どもの愛着の形成にとって大切なのである。

その反対に、生まれて間もない時期に虐待やネグレクトなどの不適切な養育を受けた子どもは、オキシトシン細胞が増えず、オキシトシンが少なくなってしまう。すると将来も人を愛したり信頼したりすることが難しくなってしまうのだ。

抱っこが不足

実際、児童精神科医の渡辺久子は、チック、暴力、摂食障害などといったさまざまな心の問題を抱えた子どもの診療を三〇年以上続けているなかで、そうした子どもたちに共通することとして、圧倒的に抱っこが不足していると指摘している。

渡辺が「家で抱っこされてる？」と聞くと、多くの子どもたちから「私、抱っこされたことなんて一度もないわ」、「僕がお膝に乗ると、ママはいやーな顔するもん」といった答えが返ってくるという。

また渡辺が出会ったある青年は次のように語ったという。

「両親は私に何でも与えてくれました。でもそれは物質面だけでした。何かいつも『こんなんじゃない。こんなんじゃない』という思いがありました。でも、それが何かはよくわからなかったのです。ようやく今になって、それがなんであるかが分かったような気がします。私が本当に求めていたのは、『ありのままのお前でいいんだよ』と温かく認めてくれる眼差し、安心していつでも飛び込んでいける胸だったのです」

この青年の場合、物質面で両親が与えていたものは、子どもにとっては十分な愛情にはなっていなかったのだろう。子どもにとって何よりも必要なことは、無条件の愛情なのだということがよくわかる。

赤ちゃんとの触れ合いは、将来まで遺伝子に影響する

ブリティッシュ・コロンビア大学のサラたちは、九四人の健康な生後五週ほどの乳児と

両親に参加してもらった。乳児の両親には、乳児の行動（睡眠、騒ぐ、泣く、身体接触など）に関する日記をつけるように依頼した。そしてその子どもたちが四歳半になったときに、子どもたちの頬の内側から採取したＤＮＡを提供してもらい、ＤＮＡのメチル化と呼ばれる、生まれてから決まってくるＤＮＡの発現について調べた。

メチル化とは、生まれてからの環境によって、遺伝子のスイッチの「ＯＮ−ＯＦＦ」を決めるはたらきをさしており、そのような変化をエピジェネティックな変化という。つまり、遺伝子の情報は同じでも、後天的な環境によって、その発現の仕方が変わってくるというものだ。

研究者たちが五つのＤＮＡの領域について調べたところ、親との身体接触が多い場合と少ない場合とでは、メチル化の差異がある部位が二つあることを突き止めた。その部位の一つは免疫系に関与している部位で、もう一つは代謝に関与している部分であった。つまりこれら二つが正常に働いて健康になるかどうかは、生まれて早期の身体接触によって決まってくる可能性が高いのである。

もちろん、幼児期のこれらの発達の違いが、成人になってからの健康に影響するかどうかはまだ明らかになっていないが、生涯にわたって影響を及ぼす可能性があることを示している。

幼少期のタッチの影響

またこれとは別に、著者の研究によると、幼少期に十分に触れられていないと、将来的に自分の衝動的な行動を抑えにくくなることがわかった。これはタッチによって、コレシストキニン（cholecystokinin）という物質が脳の中で分泌されて感情の調節を促す役割をもつが、タッチが少なかった場合、その影響を受けることができず、衝動性が高まるのだと考えられる。

愛着障害の人は、成人後も自分の行動を抑制するのが難しい、とよくいわれるが、幼少期のタッチングが不足することで、前頭葉の発達が遅れ、自制やセルフコントロールがききにくくなるのだろう。

ただし、幼少期のタッチングが不足したとしても、それはあとからでもフォローすることができる。オキシトシンは生涯分泌されるからだ。

恋人のタッチ

イスラエルの心理学者、スナイダーマンたちは、付き合って間もないカップルを対象に、付き合い始めてから六か月間、オキシトシンを測定してみた。一方で、恋人のいない男女大学生も同様に同じ期間、測定した。また、付き合っているカップルには、コミュニケーションがどの程度あったか、についても調査を行った。実験の結果、出会って初期段階のオキシトシンの量が、六か月後に二人が別れるかどうかを予測していることがわかった。

これは母子の絆を強めるはたらきと同じ生物学的メカニズムがあると考えられている。母子も、出産後の三か月程度は母親のオキシトシンの分泌が高まり、子どもとの絆を強めている。母子の場合はそのあいだ、子どもが母親の乳を吸うことで母親のオキシトシンの分泌は高まるが、同じように恋人の場合は手をつないだりハグしたりキスしたりすることで高まり、互いの絆を強くしているのである。

ハグの効果

ハグは絆を強くするだけはない。

米国カーネギーメロン大学のシェルドン・コーエンたちは、困ったときに援助をしてくれる親密な人間関係の指標としてハグを取り上げ、健康とどのような関係があるかについて検討した。ハグの回数は、もっとも親しい対人関係の指標となるからだ。

調査は四〇四人の健康な成人を対象に実施し、二週間の期間、毎日電話でインタビューを行い、その日の対人関係の問題が起きた頻度とハグの回数を尋ねた。その後、参加者には風邪ウイルスを鼻から吸ってもらい、それによる風邪の兆候を観察した。

その結果、ハグには風邪ウイルスへの感染を予防する効果があることがわかった。つまり、ハグの多かった人は風邪にかかりにくかったのだ。また、感染した場合でも、ハグした回数が多い人ほど症状は軽い傾向にあった。

第1章で述べたように、慈愛の心やポジティブな感情は健康や寿命と深く関わっているが、その手段としてハグはとても重要な意味をもっていることがわかる。

思春期

思春期は親子関係において葛藤を迎えることがよくある。特に反抗期を迎えた子どもに対して、親はどのように接すればよいのか、悩む人は少なくないだろう。

オーストラリアの心理学者、ローウィードたちは、娘に人前でスピーチをするところを想像してもらうというストレスを与える際に、母親が娘の手を握っている条件と、握らない条件で娘の生理反応を比べてみた。また同時に、母親と娘の関係性の良し悪しを質問紙で答えてもらった。

すると、関係性の良し悪しに関わらず、母親が娘の手を握っていた条件のほうが、娘のストレスは小さいことがわかった。母親との関係性が良い娘は、手を握らなくてもストレスは低かった。

このことは、たとえ親子関係が良好でなくても、タッチングを行うと、親子の関係性の悪さをも凌駕するほどのストレス緩和効果があるということを示している。

父と娘のタッチング

ここで恥ずかしながら著者の娘の例についてお話ししようと思う。

思春期になると子どもが急激に成長して、親に対し口もきかなくなってしまったり、反抗的な態度で心を閉ざしてしまった、という話をよく耳にする。

幼少期によくタッチングをしていれば、反抗期は来ないのではないか、と漠然と期待していたわが家では、現在、反抗期真っただ中にいる。

これはホルモンの変化によるものでもあり、自立に向けた成長の大切な過程にあるとあきらめて、受け入れるしかなかった。

しかしここでもタッチは威力を発揮する。娘がこれまでのように触れられるのを嫌がるからといって、触れないでいると、ますます親子関係は硬直してしまうだろう。

そこで娘に「今日、パパはマッサージを習ってきたから練習台になってくれないか」と頼んでみた。すると最初はしぶしぶだったが背中のマッサージを受け入れてくれた。ひと通りマッサージをやって終わろうとすると、「もう終わり？　もっとやって」とせがんできたのだ。そこでもう少し続けていると、身体がほぐれてくるのと同時に、心もほぐれてくるのがよくわかった。部活のこと、友人関係のことなど、聞けば少しは話してくれるようになった。

そして次の日、驚いたことに娘のほうから「今日もマッサージやって」と言ってきたのだ。内心、跳び上がるほど嬉しいのだが、口では「仕方ないなあ」などと言いながら同じようにマッサージをした。するとまたいろいろな話を自分からしてくるようになったのだ。

そして普段の親に対する態度も軟化させて、それまでよりもずっとコミュニケーションがとれるようになった。

思春期は自立したい欲求が高まり、親への態度を反抗的にするが、まだまだ心理的には依存欲求も高い。しかし子どもが表立って依存欲求を表すことは難しいため、このように親の側からうまくしかけをつくってタッチングを行うと、問題が改善するケースは多い。

ボディ・イメージ

思春期におけるタッチングの効果は他にもある。

特に女性の場合、思春期は自分のボディ・イメージに歪みが生じやすい。理想のボディ・イメージを頭の中に作り上げて、それと実際の自分の身体とを比べる結果、不満感ばかりが大きくなってしまうのだ。体重や体型だけではなく、髪の毛、顔のパーツ、足の太さ、ウエストなどなど、あげたらキリがないほどの不満足感を抱えている。

ボディ・イメージの不満感は、やがて、自尊感情の低さや抑うつ、対人不安などのネガティブな感情とも結びついていく。

それらは悪くすると、摂食障害や過度なダイエットなどの問題にもつながっていきやすい。なぜだろうか。

不安や抑うつなどのネガティブな感情があると、人は身体の筋肉が緊張する。その緊張は、不安や抑うつの原因がなくなった後も、ずっと続くことがある。すると身体は、緊張に伴うネガティブな感覚を感じてしまうようになり、ネガティブな感情がずっと続いてしまうことになるのである。

そこでマッサージをして身体の緊張をほぐしてあげると、心地よいリラックスした感覚が脳に届き、それに伴いボディ・イメージもポジティブなものに変化する。

実際に、米国の心理学者、フレッチャーは大学生にマッサージを施術し、その前後で自身のボディ・イメージに対する満足度について測定した。するとマッサージを受けた人はボディ・イメージがはるかによいものに変化することがわかったのだ。

マッサージは思春期特有のさまざまな心の問題を予防するためにも、その心の問題を「手当て」するためにも、誰でも手軽にできて有効な手段だといえる。

中年期の夫婦

言葉よりもタッチング

夫婦で手をつなぐ習慣がある人はどのくらいいるだろうか。二〇一三年に三〇～五〇代の既婚カップル二〇七組を対象に行われた調査がおもしろい（旭化成ホームプロダクツ株式会社）。

「手をつなぐ習慣がありますか？」という質問に「ある」と回答した割合は三三・六％で、手をつなぎたいかという質問には六一・八％が「手をつなぎたい」と回答している。さらに、手をつなぐ習慣のある夫婦の九六％は、自分たちを「いい夫婦」と思っており、そのような夫婦の九五％の妻は「妻として幸せ」だと感じていることがわかった。つなぎたい理由は「夫婦間のスキンシップ」が七四・二％、ついで「パートナーのことが好きだと思うから」が四五・三％だった。手をつなぐ習慣がある夫婦は、幸せを感じる割合が高い。

夫婦のスキンシップ（タッチング）の効果は、それだけにとどまらない。

オランダの心理学者、ディッツェンは、夫婦に実験に参加してもらい、夫に対し、妻に電気ショックのストレスを与えるように指示した（もちろん実際には与えない）。一方のグループは、その一〇分前に、夫は妻とは話をせずに、ただ妻の肩と背中にマッサージをした。もう一方のグループは、夫は妻には触れずに、妻を励ますもっとも効果的な言葉がけをしてもらった。実験の結果、マッサージをしてもらったグループの妻のほうが、ストレスが低いことがわかった。

この結果から、やはり言葉で励ますよりも直接タッチすることに重要な意味があることがわかる。それは2章の最初に紹介したように、タッチはポジティブな気持ちや同情を伝えるもっとも効果的な手段であるからだ。

よい影響を与える二つのルート

これまで述べてきたように、触れることとの健康へのよい影響が出るのは、身体には少なくとも二つのルートがある。一つはオキシトシンの分泌によるもので、もう一つはC触覚線維によるものである。

まずはオキシトシンについてである。

米国の心理学者、ホルト＝ランドスタッドは、三六組の夫婦を対象に、一か月間スキンシップを増やすようにマッサージを行ってもらった。その内容は、ローゼンメソッドという、相手の肩や背中に触れながらその感覚を聞き取るような、カウンセリングで用いられる技法だった。実験の結果、一か月後、夫婦それぞれのオキシトシンの分泌が増え、ストレスホルモンの量が減っていることがわかった。

もう一つは第2章で紹介したC触覚線維の効果である。

米国の心理学者、コーンの研究では、夫婦に実験に参加してもらい、夫あるいは初対面の男性に手を握られた状態で、妻に電気ショックの脅威を与え、妻の脳活動を測定した。その結果、夫に手を握られたとき、脅威に感じる脳活動がもっとも低下していた。

より詳しくみると、配偶者との関係がよい女性では、脅威を感じる脳活動がもっとも低下していたが、配偶者との関係が悪い女性は、この脳活動は増大してしまったのだ。残念ながら、誰から触れられてもよい効果をもたらすわけではないことがわかる。

これはトップダウンの判断によって、タッチの効果が抑制されることを示している。

このように夫婦関係の良し悪しによって、C触覚線維の効果もオキシトシンの分泌も影響を受けるのだ。もともとは誰でも同じように、タッチによって健康によい効果があるはずなのだが、その効果が夫婦関係が悪いと抑制されてしまうのである。ぜひ、普段から少しでもタッチを増やしておきたいものである。

2　さまざまなシチュエーション別タッチ

教師と生徒

学校生活でのタッチング

米国のスクールカウンセラー、リーの研究では、一七一人の大学生に対して、試験の後に学生と面接をするときに、教師が学生の腕に触れた場合と触れなかった場合とを比べてみた。すると、教師に触れられた学生は、次の試験の成績がよりアップしていることがわかった。

また米国の心理学者、ウェルドールたちによると、破壊的な行動をしたり、他の子どもに暴力をふるったりしてしまう子どもに対して、授業中、好ましい行動をしていたことを褒める際に、その子の腕にタッチしたときは、しないときに比べて、六割も問題行動が減少することがわかった。また同じように、腕に触れるときのほうが、授業中に教科書を読んだり辞書で単語を調べたりといった好ましい行動が増えることがわかった。

さらにオランダの心理学者、ゲグエンたちは、大学生の授業の際に、男性教員がランダムに学生を選んで、その学生が問題を解いたときに、「褒めながら腕に触れる」、あるいは「触れない」条件に振り分けた。その後、黒板に問題を板書して、「この問題を解ける人？」と呼びかけ挙手する人数を調べた。すると教員が腕に触れた学生は触れなかった学生よりも挙手した割合が高いことがわかった。その傾向は男女とも同じだった。

もちろん、セクハラの問題には細心の注意が必要だが、このようにタッチは、C触覚線維を通して、触れられた者をポジティブな感情に導き、よい効果をもたらしてくれる。これを教室で利用しない手はないだろう。

養護教諭が行なうタッチング

子どもの心の問題とスキンシップ

養護教諭は、子どもの心の問題をいち早く発見し、「手当て」してあげられる、とても大切な役割を担っている。

小学校で実際に養護教諭が子どもにタッチする場面についての調査によると、上位にあがったのは「救急処置の際」、「熱や脈を測る際」といった身体的なケア場面や、「興奮しているとき」、「情緒不安定なとき」といった心理的なケア場面だった。これまで述べてきたように、スキンシップは心身両面へのケアであり、そのことを養護教諭自身も経験的によく知って用いていることがわかる。

まず身体的なケアだが、これまで述べてきたように、タッチングは痛みや苦痛を和らげる効果がある。さらに怪我や発熱などがある場合、子どもは例外なく恐怖や不安を感じている。そのような状態にある子どもの身体に触れることは、心理的に安心させる効果がある。子どもに軽く触れながら言葉をかけてあげたり、治療の一環としてバイタルチェックを行いながら会話の糸口を探していくとよいだろう。

次に心理的なケアだが、低年齢の子どもほど、自分の心身の状態を言語化することが困難である。問診や観察を行う際に、本人の訴えを聞きながら身体に触れることでオキシトシンの分泌が促され、子どもと養護教諭とのあいだに信頼感が築かれる。その結果、子どもは安心して心を開いて本心を語ってくれるようになるだろう。

また子どもが興奮しているときは、子どもの手や背中をさすり、肩に手をおくなどの方法で身体に触れ、「ここは大丈夫だから、心配しないで」というメッセージを与えることも効果的だろう。

このようにタッチングはうまく用いれば、身体的な痛みや苦痛を癒すと同時に、子どもたちを安心させて信頼関係を築き、子どもの自己開示を促し、コミュニケーションを円滑にするといった、とても大切な効果を発揮するのだ。

チームスポーツ

チームメイトのタッチング

カリフォルニア大学のクラウスらは、二〇〇八年と二〇〇九年におけるＮＢＡ（アメリカプロバスケットボールリーグ）の全三〇チーム（二九四人）の選手を対象に、チームメイトとのタッチングと、各々の選手のパフォーマンスや、チームの成績とのあいだに、どのような関係があるか分析をしてみた。

するとシーズンの前半の二か月でチームメイト同士でゴール後のハイタッチなど、よくタッチングをしているチームの場合、シーズン後半では選手のパフォーマンスが高く、チームの成績もよいことがわかった。

この研究は、時間軸で因果関係を検討しているので、「タッチングの多さが原因となり、選手のパフォーマンスを高め成績を上げた」という因果関係があることがわかる。つまり、「選手のパフォーマンスが高く成績がよいから、タッチングを多くしている」わけではないのだ。そしてその理由は、タッチングによりチームメイト同士の信頼関係や親しさなどの絆を深める効果があったからだと考えられている。

チームで行うスポーツのパフォーマンスを高めるのにも、やはり、オキシトシンが重要な役割を果たしていると考えられる。それは、タッチングでオキシトシンが増えることで、信頼関係が高まったり、チームメイトが失敗したときに寛大に振る舞うことができ、共感が高まることから、チームメイトの気持ちや感情がチーム内に広がっていき、一体感が高まるためである。

さらにオキシトシンによって、内集団（つまりチームメイト）を外集団（つまり相手チーム）よりも優れているとか重要であると判断する傾向が高まるので、自分のチームをより魅力的なものだと感じるようになる。さらには、オキシトシンは相手の表情を読みとりやすくする効果もあることから、チームメイトの視線や表情に敏感になり、目で行うサインなども伝えやすくなるのだ。

このように、現段階でわかっているオキシトシンの作用は、そのほとんどがチームスポーツにとって有利に働くことがわかる。だからこそ、チームメイト同志が触れ合うような取り組みは、個々の選手のパフォーマンスやチームの成績によい影響をもたらすのである。

ビジネスシーン

握手の影響

ハーバード・ビジネス・スクールのシュローダーらは、ＭＢＡ（経営学修士）の学生を対象に、模擬的な交渉場面を設定し、「握手をしてから」あるいは、「握手をせずに」交渉するグループで、交渉内容にどのような違いがみられるかを比べてみた。交渉内容は、車のセールスの場面で、売り手と買い手が車の値段や色などについて話し合い、どのような結論になるかを観察してみた。

すると、握手をしてから交渉したグループのほうが、より協調的な話し合いが行われ、トレードオフの際には買い手は自分の好みについてよりオープンに話す傾向がみられ、嘘をつきにくくなり、互いにより満足する結論に達したことがわかった。

またマサチューセッツ工科大学の認知神経学者、ドルコスらは、握手の影響について脳科学の立場から研究している。まず実験参加者には、交渉を行う前後のシーンを描いたいくつかのパターンのアニメーションを観てもらうことで、交渉の印象を操作した。

具体的には交渉の前に「握手をする」あるいは「握手をしない」条件であり、それぞれのグループは交渉後に「ポジティブな感情を表す条件（相手が自分に笑顔やオープンな態度で接する）」、あるいは「ネガティブな感情を表す条件（相手が無表情で腕組みをして距離をおく）」

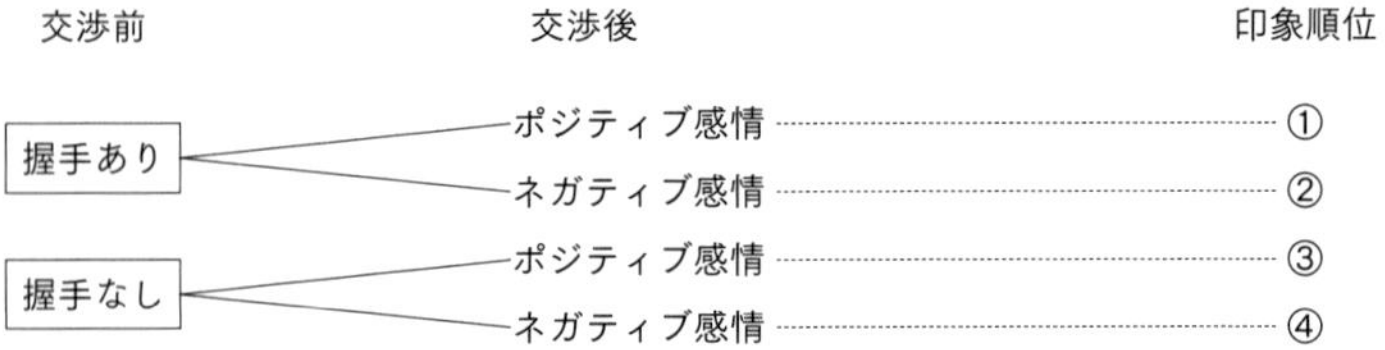
交渉前
交渉後
印象順位
握手あり
握手なし
ポジティブ感情
ネガティブ感情
ポジティブ感情
ネガティブ感情
①
②
③
④

図 3-1

のアニメを見てもらった。

アニメを見終わった後、交渉相手のことをどれほど信頼できるか、交渉相手とのビジネスに興味があるか、といったことを評定してもらうのと同時に、実験参加者の脳活動についても測定してみた。


その結果、「握手あり条件」の参加者のほうが、交渉について肯定的な印象をもつことがわかった。特に交渉後に相手がポジティブな反応を示す場合、握手することでその影響がより大きくなった。そして逆に交渉後に相手がネガティブな反応を示した場合にも、交渉前に握手をしていると、そのネガティブな影響を小さくすることもわかった（図3―1）。

このように、握手には「接近行動を強め、回避行動を抑制する」という性質があることがわかる。

さらに脳の活動をみると、握手をするときにもっとも反応するのは扁桃体《へんとうたい》と側坐核《そくざかく》だった。これらの脳部位はまさにオキシトシンと関わる部位である。つまり参加者は、交渉前に握手をするシーンをみるだけでオキシトシンが分泌され、それが「接近行動を強め、回避行動を抑制する」という結果につながったのだと考えることができる。

これらの結果から、握手というタッチングはビジネスシーンではとても重要な役割をもち、ほとんどの場合でポジティブに作用することがわかる。裏を返せば握手の習慣をもたない日本人が欧米人とビジネスをする場合、どうしても不利に働いてしまうことは否めないだろう。

握手の効果は、相手を説得しようとする際のビジネスシーンにも応用可能だ。

たとえば街頭で通行人に署名を依頼するときに、相手の腕にタッチしない場合は五五％しか署名をしてくれなかったのに対して、タッチした場合には八一％の人が署名に応じてくれたという研究結果もある。

また公衆電話のお釣りを忘れたとき、相手の腕を軽くタッチすると、九六％の人が返してくれたのに対して、タッチしなかった場合は六三％でしかなかったという。

タッチは心をポジティブにして、相手からの依頼も受け入れやすくなるのだ。

3　視覚の出会い、触覚の出会い

満足度とタッチング

親密感や信頼感に関わる触覚の出会い

米国の心理学者であるバーディーンは、参加者に対して、ある人物に三通りの方法で出会ってもらい、その印象を評価してもらった。出会いの方法は、「身体接触だけ（目隠しをして話はしない）」「見るだけ（話はなく、目隠しも接触もなし）」「言葉だけ（接触なし、目隠しをする）」の三通りの方法だ。

つまり、この実験では、同じ人物に「触覚だけ」「視覚だけ」「聴覚だけ」の方法で三回会うということになる。

結果は、触覚だけの出会いでは「信頼できる、温かい」という印象、視覚だけの出会いでは「冷たい」という印象、聴覚だけの出会いでは「距離がある」という印象をもつことがわかった。

さらにオーストラリアの健康科学者、スミスらの研究は、スーパーマーケットでピザの試食を勧める状況で、販売員が客の前腕にタッチすることが、ピザの試食率と購入率に与える影響を検証した。分析の結果、接触することで、試食率と購入率の両方が向上することがわかった。

また、米国の心理学者、クルスコらは、レストランで女性従業員が客にお釣りを渡す際の条件として「手のひらに触れる」「肩に触れる」「まったく触れない」の三つを比べてみた。その結果、触れた二つの条件では、触れなかった条件よりも、客のチップの支払額が二五%も高かったという。

また同様に、書店の入り口で案内パンフレットを渡す際に、従業員が客の前腕に軽くタッチすると、客の買い物時間や購入金額が増えるといったよい影響があることがわかった。また男性客よりも女性客のほうが接触による買い物時間が長くなったという。一般的に女性のほうが男性よりも、タッチに好意的であるからだろう。

これらの結果は、接触があると相手について「信頼できる・温かい」という印象をもつため、商品の購入やチップの支払額によい影響が出ることを示している。

このような下心がなくても、最近はコンビニなどで釣り銭を渡す際に、客の手を包むように触れる店員が増えたと感じる。それだけで「感謝」などの気持ちが伝わり、客は温かい気持ちになるだろう。これは政治家の握手のように、親密さを無理やり押しつけるのではなく、ほのぼのと温かい気持ちにさせる効果がある。

「そっと、さりげなく」行うタッチングが広がってほしいものだ。

商品に触れることによる影響

最近は、ネットショッピングが流行し、パソコンやスマートフォンで誰でも簡単に欲しい品物を買うことができる。しかし、欲しい品物に直接触ってその材質や肌触りを確かめてみたいと思ったことはないだろうか。

米国のマーケティング学のノウリスは、通信販売やネットショッピングなどのように消費者が製品に触れることができない状況と、店舗などの製品に触れることができる状況での消費者の意思決定の違いに注目し、触覚の重要性が高い製品（バスタオル、カーペットなど）と、触覚の重要性が低い製品（ビデオテープ、缶詰のスープなど）の評価に接触が与える影響を検討している。

調査の結果、「触覚の重要性が高い製品」の選択率と購入したいという意向をみると、接触できない条件よりも接触できる条件のほうが高かった。また、接触できない条件でも触覚の性質を説明する文字情報（たとえば、「エジプト産のコットン一〇〇％」など）を提示することで、製品の選択率や購入の意向が改善することがわかった。

さらに「触覚の重要性が低い製品」では、接触できる条件と接触できない条件の選択率や購入の意向に違いがみられないことも確認されている。

また、製品の品質の違いによる影響に注目した研究もある。カナダのグロウマンたちは、製品に触れることによる評価に、その製品の品質がいかに影響を与えているかを検討した。その結果、品質の高低（よしあし）に関わらず、製品に触れる条件のほうが触れられない条件よりも製品の評価に対する「自信」や「確からしさ」が高かった。

一方、品質の評価については、高品質の製品だけが、製品に触れることで向上した。したがって、高品質の製品に限っては、消費者が接触できるようにすると、製品への評価が高まることが期待できるだろう。

手段的接触欲求と自己目的的接触欲求

さらに研究を続けると、製品の特徴だけではなく、接触することの影響は、人によって違うこともわかってきた。その違いを、消費者の手段的接触欲求（instrumental need for touch; INFT）と自己目的的接触欲求（autotelic need for touch; ANFT）の二つの特性で測ることができる。

簡単にいえば、購入を目的としてその品質を確かめるために触れたいという欲求（INFT）と、購買に関係なく、何気なく気持ちよさや楽しさを求めるために触れたいという欲求（ANFT）である。

筆者は、店に陳列してある品物を、買う気はまったくないのに、子どものように次々に触れてしまい、妻に怒られるようなことがよくあるが、これはANFTの高さを示している。店員にとっては迷惑なだけかもしれないが、後述するように、心理的所有感を高めるため、触れるほうが購入率を高める効果もあるだろう。

ペックらは、製品（セーターと携帯電話）に触れることがその製品の評価にいかに影響を与えるか調べてみた。その際、消費者のＩＮＦＴがどのように影響を与えているかについて検討した。

その結果、ＩＮＦＴが高い消費者は、低い消費者に比べ、製品を評価する際に単に触覚情報を活用するだけでなく、接触できない場合には製品の評価の際に大きなストレスを感じ、最終的な製品の評価に対する自信が減少してしまうことが明らかにされた。

またＩＮＦＴが低い消費者は、接触できない状況でも、製品の視覚情報（セーターと携帯電話の写真）や文字情報（セーターの手触りと携帯電話の重さに関する情報）によって、触れて得る情報を補完できることもわかった。

心理的所有

また、触れることとは、所有感とも関係があるようだ。

ペックらは、実際にはその製品を所有していなくても、製品に触れることで、自分のものであるかのように感じる心理的所有（psychological ownership）が高まることを明らかにした。

実験では、実験参加者が製品に接触する条件（製品に触れるように指示）と接触しない条件（製品に触れないように指示）に割り当てられ、一分間でマグカップなどを評価するよう指示された。その後、「製品に対する所有意識」と「製品の価値」について回答してもらった。その結果、接触するほうが接触しないよりも、所有意識も製品に感じる価値も高いことがわかった。

これらのことから、製品に接触することは、その製品の所有意識を高めることになり、それによって製品への評価が高まるようである。

このように、触れることは、所有意識を高める。だからこそ、自分に所有意識がないものには、触れたくない。たとえば電車で誰かが傘を置き忘れていたとしても、誰もそれに触れようとしないことはよくあるだろう。逆に、自分の持ち物を、他人が許可なく触れることは嫌な気がするものだろう。

また、人に触れる場合も同じであろう。恋人と手をつなぐことは、「自分のもの」という意識を高めることになる。恋人たちは、まだ所有意識がない段階では、頻繁に接触して、所有意識を互いに確認し、高め合う。そして法律的にそれが認められて結婚したとなると、所有感が満たされたことに安心し、途端に触れるのを止めてしまうのである。

感覚転移

事前に製品に接触すると、その後の認知や選択に影響することがわかってきた。オーストリアのマーケティング学のストレイチャーらは、事前に何かに触れさせておくと、その触覚の認知に影響を及ぼすことを明らかにした。

実験では、レッドブルの缶に接触する条件、コカコーラの瓶に接触する条件、コントロール群（いずれのパッケージとも接触なし）という三つの条件を設けて比較してみた。

接触条件の実験参加者は、重さの知覚調査という名目で目隠しをされて、いずれかの製品に手で触れた。三〇秒ほど飲料を持たせた後、目隠しを外し、別の課題モニター画面に表示されるブランド名（たとえば、Red Bull）を認識する作業を行った。ブランド名は、時間が経つにつれて徐々にその名前が明らかになるようになっており、実験参加者には、ブランド名が認識できた時点でキーを押すよう指示している。

分析の結果、事前に製品に接触した参加者のほうが、そのブランドの識別に要する時間が短くなることがわかった。

目隠しをされて製品に触れると、「この製品は何だろう？」という意識が生じて、過去の記憶を探るようになる。そして「この製品だろうな」と過去に触れた触覚の記憶の中からその製品に当たりをつけるため、視覚でそれをとらえたときの認知が早くなると考えられる。

さらには、ある感覚が、他の感覚にまで影響を与えることもわかってきた。たとえば、男性的な香りと女性的な香りでは、触れた物への評価が違ってくるだろうか。

米国のマーケティング学のクリシュナらは、男性的な香り、女性的な香りと、紙の質感が異なる「ざらざらした紙（男性的）」と「つるつるした紙（女性的）」を用意した。そして香りと紙の質感の組み合わせによって評価の違いが生じるか確かめた。

すると、男性的な香りをつけたざらざらした紙や、女性的な香りをつけたつるつるした紙の評価が高まることが確認された。

また温湿布と冷湿布を用いた実験では、温かさを連想させやすい「パンプキン・シナモン」の香りは温湿布に対して、そして冷たさを連想させやすい「シー・アイランド・コットン」は冷湿布に対して、それぞれをより効果的だと知覚することがわかった。このことから湿布には、それぞれの温度にふさわしい香りをつけておくと、効果が高まることが期待できる。

このように、ある感覚が別の感覚の知覚に影響することを「感覚転移（perceptual transfer）」という。触覚が味覚を変えるという研究もある。

容器の硬さと味覚

クリシュナらのグループは、容器の硬さが飲料水の味覚評価に与える影響を検討した。実験では、硬さが異なるプラスチックのカップに入った飲料水を参加者に飲んでもらい、評価してもらった。その結果、同じ飲料水を飲んだにも関わらず、硬いカップから水を飲んだ実験参加者のほうが、やわらかいカップから飲んだ参加者よりも、飲料水の味を高く評価していた。

重さと物の価値

スペインのエンジニア、フィツマンらは、容器の重さが食品の評価に与える影響に注目し、見た目は同じで重さの異なる三つの器（軽い条件：三七五グラム、中間条件：六七五グラム、重い条件：九七五グラム）に入れた同じ量のヨーグルト（一五五グラム）を実験参加者に食べてもらった。その結果、同じヨーグルトであるにも関わらず、味の濃厚感、好感度や価格の評価は、重い器に入っているヨーグルトのほうが高いことが示された。

この研究はもともとは、重いクリップボードで物を評価するほうが、その物に価値があると感じることを応用した次の研究をもとにしている。

米国の心理学者、アカーマンたちの第一実験では、まず街を歩く五四人の通行人それぞれにインタビューをして、「ある仕事の応募者の履歴書」なるものを読んでもらい、その人物の印象について評価してもらった。このとき、半数の者には軽いクリップボードで紙を挟み、残りの半数は重いクリップボードに挟んだ紙に回答してもらった。

その結果、重いボードを持った参加者は、軽いボードを持った者よりも全体的に人物をよい印象だと評価し、特に「応募者はその仕事に真剣に（serious）就きたいと思っている」と評価した。ただし「その応募者と仕事を一緒にしたいか」といった質問には両グループに差はみられなかったことから、重さは応募者の「真面目さ（serious）に関連する次元」でのみ影響を与えるようである。

また別の実験でも、社会活動に対する政府の財政支援の額についての質問に、やはり重いクリップボードを手にしていたほうが、より重い金額（serious）の支援を求める傾向が高くなったという。

私たちも日常で、無意識のうちに軽いものは「安いもの」というような評価を下す傾向があるだろう。逆に重いものには高級感を感じる。

先日、中国に行った際、土産に茶葉を購入した。茶葉は軽いから土産にいいだろうと思ったのだが、購入して箱を渡されたときに驚いた。なぜこんなに重いのだろうか、と。何のことはない、箱やケースに重りのような素材を使ってわざわざ重くしてあったのだ。

茶葉を軽い包装紙に包んだだけでは高級感が出ない。するとおいしさも半減してしまうのだろう。人間の感覚は、それほど騙されやすいのだ。

第 4 章

こころとからだを癒すタッチ

1　生と死の幸福とタッチ

生きるために必要な感覚

人間の触覚は人生でもっとも早く完成する。英国の小児神経科学者、マーク・リゴーによると、胎児は妊娠八週ほどで、指が頬に触れたりすると、そちらのほうに顔を向けるといった行動がみられ、一二週目には、指しゃぶりを開始する。

また妊娠二〇週から、皮膚の触覚受容器が発達することもわかっている。二四週目からは手を握る動作がみられるようになり、二六週目からは手のひらに触れたへその緒なども握るようになるという。三二週になると、痛みや温度感覚、圧といった感覚にも反応するようになる。

子宮の中の赤ちゃんは、母親の鼓動の音を聞きながら、子宮の壁と触れ合うというタッチングにより触覚を鋭くしていく。

このように胎児は他の感覚に先だってまず触覚を発達させていく。お腹の中で指しゃぶりをするのは、生まれたらすぐに母親の乳首に吸いつく練習をしているのであり、手でものを握るのは、生まれたらすぐに母親にしがみつくためだ。

触覚はまさに生きるために必要な感覚であり、それをなくしてはその後の人生を生きながらえることさえ難しくなってしまうのだ。

また触覚は、人の手で取り上げられて祝福されたことを肌の感覚でしっかりと記憶するためにも必要だ。こうして赤ちゃんは人の皮膚の「温かさ」から「愛情」を学び取ることになる。

生後のタッチ

しかし不幸にして、人の手で支えられず、生まれてから一度も母親から抱きしめられる機会を得られない子どもたちもいる。すると温かくやわらかい母親の皮膚の感触を味わうことなく人生のスタートラインに立つことになる。

そうなると、成長してから人に抱きしめられても、その行動の意味や、「愛情」がどういう感情なのか、わからなくなってしまう。人のやさしさや思いやりといった感情も、感じることができず、ともすると怒りや憎しみ、悲しみといったネガティブな感情ばかりが心の中を渦巻いてしまいかねない。

そういった状態では、繊細でポジティブな皮膚感覚も感じられなくなっていき、皮膚感覚そのものが鈍くなってくる。それは、痛みにも鈍くなるということだ。

よくマッサージ師やセラピストの方から「ストレスをため込んでいる人ほど、皮膚が強《こわ》張《ば》っている」と聞く。皮膚に張りがなく、伸ばそうとしてもなかなか伸びないのだという。

そのような場合でも、皮膚に触れてやさしく動かしてあげることで、徐々に皮膚がやわらかくなり、伸びも出てくるようになる。それと同時に、心も解放されていく。

グリーフケアとしてのタッチ

愛する人の死に直面したとき、人はどのような心理状態をたどっていくのだろうか。ここでもタッチは大きな意味をもつ。

自分にとって大切な人や、愛着のあるものを失う喪失体験には、「愛情や信頼を向ける人との別れ」だけでなく「愛着があり慣れ親しんだ環境・役割の喪失」といったことも含まれる。

喪失体験によって生じる悲哀や悲嘆を和らげて安定した心理状態を取り戻していく心理的な作業のことを「喪の仕事（mourning work）」や「悲嘆作業」と呼ぶ。そしてこのような悲嘆にくれる人に対するケアを、グリーフケアという。

E・リンデマンは、喪失体験による悲哀の反応を、「喪失した相手と一緒に過ごした思い出（記憶）を繰り返し際限なく想起すること」と定義した。

グリーフケアで重要なことは、何度も繰り返し出てくる「対象（愛する人）の記憶にまつわる話」を親身になって共感的にしっかりと聴いてあげることである。かけがえのない対象を失った悲しみと痛みを、繰り返し受けとめ、共感の言葉を返しながら、相手の「喪の仕事」を深めて促進していくのがグリーフケアである。

通常、この「喪の仕事」は次の四段階があり、人はこれらの段階を一つずつ経て立ち直っていく。

①ショック期

最初に愛する人の死に接したとき、人は茫然として、無感覚の状態になる。一見冷静に受けとめているように見えても、これは現実感を喪失した状態である。死があまりに大きなショックであるため、はっきりした反応が現れないのだ。また、正常な判断ができずに、パニック状態になることもある。

②喪失期

死を現実として受けとめ始めるが、まだ十分に受けとめきれない段階である。号泣や怒り・敵意、自責感などの強い感情が、次々と繰り返し現れる。故人がまだ生きているように思ったり、そのように振る舞うこともある。この段階では深い悲しみがもっとも一般的な反応だが、しっかり泣くことが重要である。

③閉じこもり期

死を受けとめることができた段階だが、そのために、従来の自分の価値観や生活が意味を失って、うつ状態に陥り、自分が存在していないような無気力な状態になる。生前にしてあげられなかったことに対して、あるいは自分が死の原因をつくったのではないかなどの自責感に襲われることも特徴である。

④再生期

故人の死を乗り越えて、新たな自分、新たな社会関係を築いていく時期である。この段階までくると、積極的に他人と関われるようになる。

グリーフケアの基本的な考え方は、悲嘆の表現として現れるさまざまな感情や行動などを、正常なものとして、ともに受けとめることである。私たちはそれらをよくないことだと説得したり、悲しまないように励ましたりしてしまうことが多い。だがそういった、相手の心に寄り添わない反応では、相手の悲嘆を取り除いたり、解決したりすることはできない。

このように愛する人の死に直面した人に対して行われるグリーフケアにとって、マッサージのような触れるケアは、とても有効だ。

さらにタッチングということからいえば、生前、つまり愛する人が生きているときに、マッサージなどで愛する人をケアすることができれば、死後に抱く悲しみの程度はずいぶん違ってくるともいえる。

愛する人の世話をする人は、死の淵をさまよう人に対し、無力感を抱きがちで、自分は何もしてあげられないと思い込んでいることが多いという。しかしそこで、誰でも簡単にできるマッサージのような手技を取り入れてみると、世話をする人はとてもやりがいを感じて、愛する人の死後も「自分にできることはやれたんだ」という思いをもつことができる。すると、死後の悲しみも軽くすることができるという。

マッサージというタッチングを行うことは、見送る人と死に行く人の両者にとって良い効果をもたらすのだ。

トレガーアプローチ

米国の心理学者ケンプソンは、過去五年間に子どもを亡くした母親を対象に、触れることの効果を検証する実験を行った。トレガーアプローチによる軽くやさしく撫でるマッサージを、二週間にわたり、一時間のセッションを計六〜八回実施したのだ。

トレガーアプローチは米国のミルトン・トレガー博士が開発した、相手にやさしく触れながら身体を揺らしたり、軽くのばしたりして、身体が本来備えている、自由に軽く、楽に動く機能を再教育するボディ・ワークである。

検証の結果、実験に参加した母親は絶望感が軽減され、離人症（極度の疲労やストレスに伴う外界や自分の身体・言動に対する現実感の喪失）が緩和され、身体的愁訴（身体的な原因が見出されない身体の不調）も軽くなった。

またスウェーデンのベリットらの研究では、最愛の人をがんで亡くした一八人に協力してもらい、実験者が週に一回、八週にわたって彼らの手や足をマッサージした。

その結果、マッサージを受けたほぼ全員が、マッサージはストレスを軽減し、生きていくエネルギーを与えてくれるのに役に立ったと感じていた。

日本の社会は、悲しみを十分に表現することを良しとしない。特に成人の男性には、悲しみを見せないことが暗黙のうちに望まれているだろう。周囲も、悲しみの中にある人に対し、悲しまないように慰めたり励ましたりはしても、悲しみを表現するようにとサポートすることはあまりないだろう。

そうして悲しみに打ちひしがれている人は、周囲の人にその苦悩をなかなか打ち明けられないことが多い。また、辛いことを思い出すと、傷に塩を塗りこんでしまうことになりかねないとして、その現実から目をそらしていることもある。

トレガーアプローチのようなゆっくりとしたマッサージは、言葉を使わずに身体から静かに癒す方法である。それはオキシトシンの分泌を促し副交感神経を優位にするために、心身のリラックス効果があり、さらに人との社会的行動を促進し、支えてくれる人との結びつきを感じさせてくれる。自分を支えてくれる人がいるということを、身体の感覚レベルで理解することになるため、身に染みて効いてくるような効果をもたらすのであろう。そのため、抱えている苦悩が軽減され、身体的な愁訴も軽くなるのだろう。

そして、自分をこの世に存在させている身体の感覚が覚醒されることから、現実感が蘇り、離人症の症状も軽減されたのだろう。

過去の思い出に生きようとする思いと、今を生きようとする身体をつなぐ役割をもつタッチケアには、そうした心と身体の葛藤をほどき、つながりを再生する力もある。心に寄り添い、「今、ここ」に生きていることを伝えるタッチには、大きな可能性がある。

2　心身の痛みを癒す

痛みのメカニズム

痛みは、生物にとっての「警告信号」である。危険な状態が身に迫っていることを知らせる大切な役割をもつ。ところが、痛みの神経システム自体が壊れてしまい、警告信号の役割がまったくはたらかない痛みもある。

どちらの痛みにしても、手当てをして触れることで、痛みは相当軽くなる。タッチング、あるいはマッサージで痛みを癒す行為は、古来、あらゆる文化で行われてきた。

そのメカニズムを紹介しよう。

末梢のメカニズム

ゲートコントロール説

マッサージによって痛みが改善されるメカニズムは、かなりわかってきている。それは、「ゲートコントロール説」といわれるものだ。ゲートコントロール説は、一九六五年にメルザックとウォールにより提唱された、痛みの医学を飛躍的に前進させた学説である。

簡単にいうと、「痛みの伝達路である脊髄に痛みをコントロールするゲートがあり、門番役の神経細胞がゲートを開いたり閉じたりして痛みを調整している」というものである。

痛みの信号はゲートを通過して脳に伝わるが、ゲートに入ってくる痛みの信号にもいろいろある。

たとえば、足を打撲したとき、痛みの伝達速度の速い、秒速約二〇メートルの太いAデルタ線維が鋭い痛みを脳に伝える。同時に伝達速度が秒速約一メートルの、細いC線維がズーンとした鈍い痛みの信号を伝える。

このとき、人はとっさに打撲したところを手で押さえたり、撫でたり、さすったりするだろう。このような行為は、触覚や圧覚などを伝える太いAベータ線維による痛みの信号が脳に入るゲートを閉じる役割を果たし、鋭い痛みを脳に伝えるのを防いでくれるのである。

さらに人は痛みを感じると、不安や恐怖も感じるものだが、そのような強い情動も、痛みを強めるはたらきをしている。このとき、触れることによって安心感を促すことも、ゲートを閉じるはたらきをするのだ。

このように、痛みは単なる生理的なメカニズムによってのみ生じる感覚なのではなく、心理的な面からも大きな影響を受けている、複雑な現象である。

鎮痛剤などの薬も理学療法もない時代には、手当ては痛みを軽くするための、もっとも効果のある方法だったといえる。

痛みを軽減する工夫

この理論の応用として、私の研究室の能條は次のような実験を行った。

まず日常でよく触れる六種類の布を用意し、実験参加者にもっとも心地よく感じるものと不快に感じるものを、それぞれ一つ選択させた。その後、実験参加者の利き手を冷水に三〇秒間浸して痛みを与えるのだが、このとき、利き手とは逆の手で、先に選択した布を撫でてもらい、感じた痛みの程度を測るというものだ。

すると、心地よい布に触れた場合には、痛みは顕著に低くなったが、不快な布に触れた場合は、何にも触れないときと同程度の痛みを感じたのだ。痛みは交感神経を優位に高めるが、心地よい布に触っていると副交感神経が優位になるために、拮抗的な効果があったのだと思われる。

この結果から、医療現場などの痛みを伴う状況では、手術着やベッドカバー、あるいは予防注射を受ける子どもの椅子のクッションなど、快適な触覚刺激に触れられるように工夫することで、痛みを軽減することが期待できるだろう。

軸索反射

ゲートコントロール説が、痛みが触覚刺激によって抑制されることを説明する理論であるのに対して、按摩《あんま》、指圧、鍼《はり》、灸といった局所的に強い刺激を与える場合の鎮痛効果は別のメカニズムによるものである。

たとえば指先を切ってしまったとしよう。このとき傷口ではさまざまな発痛物質が作られる。それが神経線維を伝って脳に届き、人は痛みを感じる。すると脳からは、自律神経

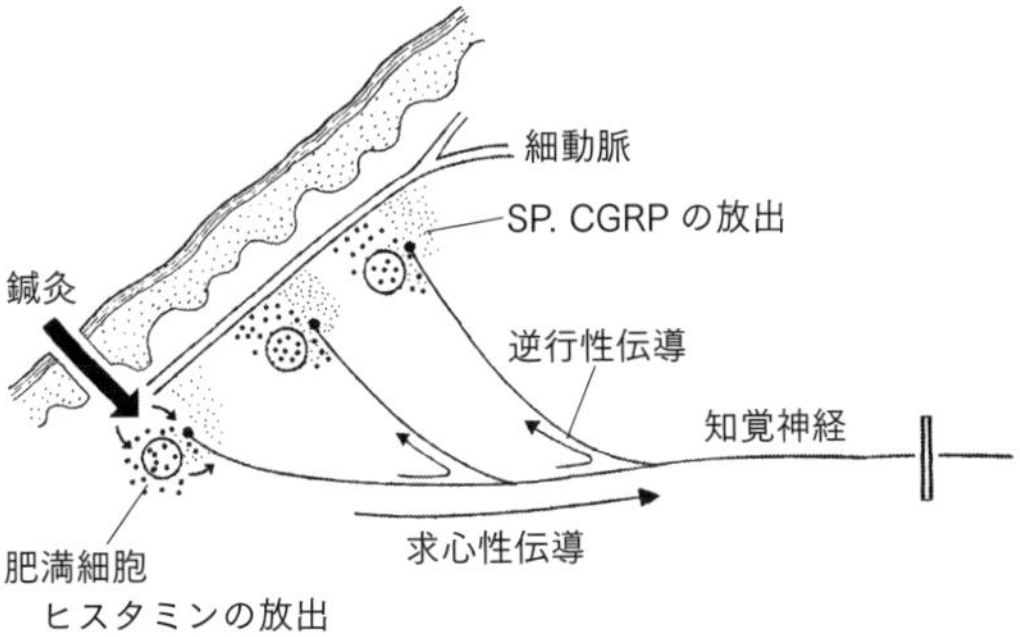

図 4-1　軸索反射（見尾、1984 より改編）

の交感神経を伝って傷口の血管を収縮させる指令が発せられる。しかし、それはたしかに出血を止める作用という利点があるが、同時に傷口の血液循環が悪くなるため、発痛物質が蓄積され、痛みをよけいに増大させてしまうことになる。すると、痛みの原因がなくなってもそこが痛み続けるという悪循環のサイクルに陥ってしまう。

按摩や指圧、鍼といった刺激は、局所の血流を回復し、その部分の発痛物質の濃度を低下させる。これによってこの種の痛みの悪循環のサイクルは絶たれ、痛みは減る。このメカニズムが、軸索反射である。

専門的にいえば軸索反射とは、鍼などによって末梢神経が刺激されたときに、中枢神経を介さずに、刺激された神経の側枝《そくし》内でインパルスが伝導して血管拡張物質が放出され、血管を拡張する現象をいう。

指圧を受けたり鍼を刺した周囲が赤く腫れるのはそのせいであるが、それは痛みを治すためには必要な反応なのである。

また温熱療法やストレッチ（収縮した筋に対し持続的に伸展刺激を加えること）にも、組織の血流を回復させ、痛みの悪循環を断ちきる効果がある。

中枢のメカニズム

オピオイド

身体から痛みの信号が脳に届くと、脳はその痛みを抑えるために、痛みを感じにくくする作用を働かせる。これはβエンドルフィンというオピオイド（脳内物質）によるものであり、中脳ではたらく作用である。痛いときに触覚刺激を与えると、このオピオイドをより作りやすくなり、痛みが和らぐといったメカニズムも確認されている。

この中枢（脳）のメカニズムも、マッサージや鍼の作用機序の一つである。タッチや鍼の刺激は、体性神経に対する刺激であり、それはいったん脊髄《せきずい》に入り、そこから上行するルート、すなわち脊髄視床路《ししょうろ》を通って脳に到達し、大脳皮質で触覚や痛みを感じさせる。

このとき、脊髄視床路は途中の延髄で神経を変える。最近の研究で、延髄では脊髄視床路から自律神経（迷走神経）に分かれる神経の分枝がのびていることがわかってきた。そのため、タッチや鍼の触覚刺激が延髄に到達すると、自律神経の迷走神経が刺激されることになり、上半身の多くの臓器や顔や舌、口などの筋肉が緩む効果があるようである。

スピリチュアルペイン

近年、スピリチュアルペインという言葉を耳にする機会が増えた。ホスピス運動の拠点となったセント・クリストファー・ホスピス（St. Christopher's Hospice）を創立した英国の看護師（後に医師）シシリー・ソンダースは著書の中で、身体的、精神的、社会的、そしてスピリチュアルの多面的要素で構成されるトータルペイン（全人的苦痛）の概念を提唱し、これは現在も緩和ケアにおいて重要な考え方となっている。

この中でもっとも理解しにくいのがスピリチュアルペインの概念である。東海大学の村田はこの抽象的な苦痛の原因について、「将来や関係性、自律性とは人が生きる支えであり、それを失った場合に生じる」と簡潔にまとめている（表4－3参照）。

つまり「自分にはもう先がないのだ」という将来への喪失感、今まで勝ち取ってきた地位や尊敬への喪失感、ボディ・イメージの変化や自由にできることを失うことなどへの喪失感は、「自分に価値がなくなってしまった」という無価値感や、「もはや生きることに意味がない」という無意味感を生じさせることになる。

それは患者を「こうまでして生きる意味とはなにか」、「こんなところで死ぬ意味とはな

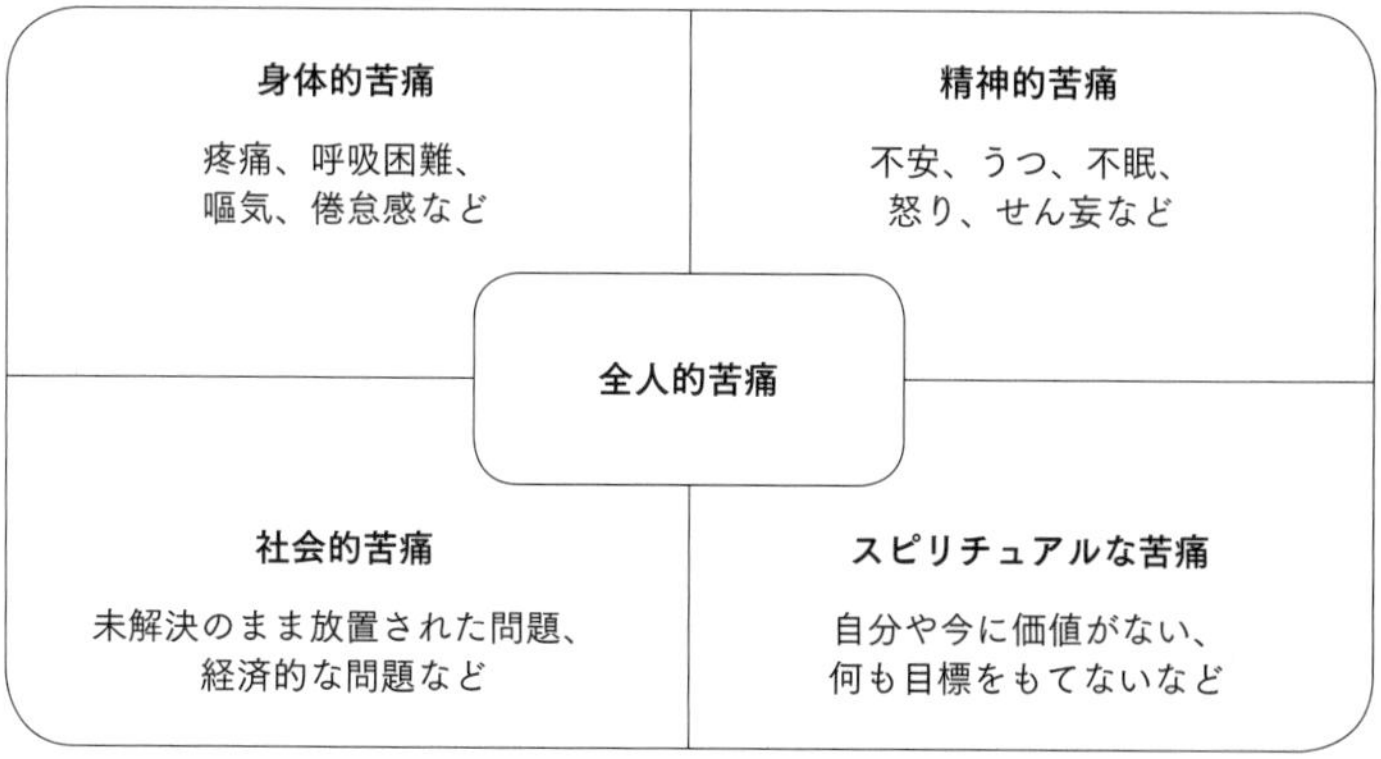

図 4-2　全人的苦痛の構造
（Saunders, C., et al., : Living with Dying より抜粋し作図）

Spiritual Pain の原因となる喪失	
時間（将来）の喪失	生命予後に関する説明を聞いた場合など。「もう先がない」
関係性の喪失	社会的な役割や尊厳を失った場合など。「ひとり取り残されていく」
自律性の喪失	身体機能が低下した。外見が変わった場合など。「こんな惨めな姿に」
Spiritual Pain の具体例	
・自責感：あのときなぜそうしなかったのか	・罪責感：罰が当たったのだ
・無価値感：今の自分には何の価値もない	・不公平感：なぜ自分だけがこんな目に？
・無意味感：何のために生きているのか？	・孤独感：誰もこの辛さをわかってくれない
・遺棄感：なぜ神仏は救ってくれないのか？	

表 4-3　Spiritual Pain の構造（Murata, 2003）

んなのか」といった答えのない自問自答によってさらに苦しめることになる。

こういった苦悩に対しても、タッチは効果を発揮する。

私はタッチは、相手の存在を認め、支え、受け入れるといったように、全人的苦痛に対して多面的なケアの可能性を提供してくれるものだと思っている。問題そのものは解決できなくとも、相手が病苦と共に生きるのを支え、寄り添い、励ます力を持っているのだ。

信州大学の伊藤は、実際にガンの入院患者に対して、看護師が行なった看護ケアの中で、痛みの緩和に効果があったものについて調査している。

その結果、患者が効果を実感していたのは、「飲み薬」「坐薬」「湿布」「マッサージ」「温める」「冷やす」「会話」だった。薬や湿布が効果があるのはもちろんだが、それ以外ではタッチや会話といったように、心を落ち着かせてくれる方法が、全人的苦痛の緩和には効果的なのだ。タッチはまさに全人的なケアなのである。

3　心を癒す

不安・抑うつ

一九七〇年代後半、米国の心理学者、ジェームズ・リンチは、心臓病の患者の腕に触れて脈をとると、患者の心拍が即座に下がり、そのリズムも安定することを発見した。その効果は、外傷を負った患者の手を看護師が握るだけでも現れた。手術前などで不安が高まっている患者に対し、医師や看護師が触れることで、どれだけ不安な気持ちが和らぐか、想像に難くない。

マッサージの心理的な効果を最初に検討したのは米タッチ研究所のティファニー・フィールドである。彼女は抑うつのために入院している五二人の子どもたちに、五日間、一日三〇分のマッサージを続けた。抑うつのある子どもたちは、ストレスホルモンのコルチゾールのレベルが高いため、それを指標にした。

実験の結果、マッサージを受けた子どもたちは、同じ期間、リラックスビデオを見せた子どもたちに比べて、抑うつや不安が低下し、コルチゾールのレベルも低下していた。また、夜間の睡眠時間も増えることがわかった。

著者が大学生を対象に行った研究でも、同じ結果が出ている。友人同士のペアで相手の背中や手にタッチして撫でるだけで、不安や抑うつが低下するのだ。同時に、呼吸もゆっくりと安定し、心拍数も抑制されて、血圧も下がるといった効果もあった。不安や抑うつの改善は、手当てがもっとも得意とする領域だといえる。

ぬいぐるみで不安が軽減

シンガポールの心理学者、ナラヤナンたちによると、グループの仲間から疎外されて孤独感や不安を感じている人に、テディベアに触れさせると、より社交的に振る舞うようになることがわかった。

その理由として、モフモフしたやわらかい肌触りのぬいぐるみに触れたことで、C触覚線維が刺激され、ポジティブな感情が喚起されたためだとわかった。

ポジティブな感情は、第1章で述べたとおり、疎外感といったネガティブな感情をアンドゥーする効果をもつ。そうしてポジティブな感情がもたらされると、仲間に入れてもらったときに近い安心感を抱くようになるという。

ネガティブな感情が生じたときは、ぜひ好みのぬいぐるみを抱いたり、温かい布団にくるまったりしてみてもらいたい。同じ効果を得られるだろう。

PTSD

ＰＴＳＤ（Post traumatic stress disorder）は、心的外傷後ストレス障害といって、事故や犯罪、災害などで普段経験することのない深刻な心の傷を負ったときに起こりやすい。主に過覚醒（リラックスしたり安眠することができない）、侵入思考（恐怖の場面が繰り返し思い出される）、落ち着きのなさなどの症状がある。

特に子どもはストレスを大人のように言語化することが難しいため、それがさまざまな身体症状としても現れる。たとえば下痢や食欲不振、不眠、チック、退行（夜尿の再発、指しゃぶりなど）などである。

そのようなＰＴＳＤに対しても、タッチングは効果がある。なぜなら、たとえば被災地のような過酷な状況では医師が不足し、十分な医療を受けられないことが多いが、タッチングはどこでも誰にでも簡単にでき、費用もかからないケアだからである。

具体的なケースを紹介しよう。

ハリケーンで被災した子どもたち

災害などで被災してＰＴＳＤになった子どもは、その親自身もまた被災によるＰＴＳＤであることが多く、子どもにあまり触れようとしない傾向があるという。そのためそのような子どもたちは、親に抱きしめてほしいと感じており、無意識のうちに、ずっと親にくっついていることが多いという。

先のティファニー・フィールドらのグループは、ハリケーンで被災した子どもたちを対象に、マッサージの効果を検討した。一か月の間に計八回のマッサージを施したところ、マッサージを受けなかったグループよりも、不安や抑うつが低くなり、ＰＴＳＤの症状が改善し、幸福感を感じ、ストレスホルモンであるコルチゾールのレベルも低くなった。

この実験では、母親ではなく研究所の職員がマッサージを行ったのだが、それでもこのような効果があった。信頼できる大人が繰り返しマッサージをしてあげることで効果が発揮されることがわかる。

米国の帰還兵

9・11後のイラクやアフガニスタンなどの戦場に駆り出された米軍の軍人の数は二三〇万人にのぼるといわれている。そしてそのなかの三割近くの人はPTSDの症状をもっているという。

カーンらは、9・11後のテロとの戦いに従軍していた一六〇人の退役軍人に対して、マインドフルネスと、妻からのマッサージを併用したプログラムを一六週間実施して、その効果について検討した。

このプログラムではマインドフルネスだけではなく、妻とのマッサージを特に大切な要素として取り入れたという。それは、マインドフルネスは自分自身で心を整える方法であるのに対して、マッサージは家族との関係に焦点をおいて、互いの心を整える効果が期待できるからである。そのため単に妻から触れられるだけではなく、退役軍人本人にも、妻に対してマッサージを行ってもらった。

プログラムを実行した結果、八週目からＰＴＳＤの症状が緩和され、睡眠の質が向上し、不安や抑うつ症状が軽減し、慈愛の気持ちが高まるといった効果が出てきた。そして妻と夫の双方の不安や緊張、抑うつ、イライラなどの症状が軽減することがわかった。


マインドフルネスなどの自分で行うやり方にもたしかにＰＴＳＤの症状を緩和させる効果があることは、数々の研究で証明されている。しかしそれだけではなく、夫婦で互いに援助をし合うような要素をもつ、タッチケアやマッサージなどを同時に行うことで、家族システム全体が健全なものになり、その結果として自分自身の健康が回復するという効果が期待できる。

特に、発達障害をもつ子どもや虐待を受けた子ども、認知症の高齢者などにとっては、自我が確立されていなかったりセルフコントロールの力が十分にない人が多い。そのため、他者に援助してもらうことが非常に重要な手立てとなる。

心理療法の代替効果

米国の心理学者のプライスは、一二人の女性にマッサージを施した効果を検証した。最初は一二人のうち七人の女性がＰＴＳＤの基準に当てはまっていたが、三か月の介入後には、基準に当てはまっていたのはたったの三人だけだったという。

それはマッサージを受けたことで自己意識が高まり、クライエントがセルフケアを行うようになったことによる効果が大きいという。プライスはこの結果から、マッサージ療法は、十分、従来の心理療法の代わりになると考えている。

ただし、プライスによれば、ＰＴＳＤの患者にマッサージを行う際には、次のように繊細な態度が必要であるという。

①慈愛の心で中立的に話を聴くこと。

②クライエントが自分自身を信頼して自らの足で立てるように、特にセッションの最初と最後では、健全なバウンダリーの感覚をもつこと。（バウンダリーとは、相手との境界の感覚をきちんと築くことで、相手は相手、私は私としてきちんとした境界を設け、私はあなたの領域に立ち入るようなことはしないから安全だ、という感覚をもたせることである。）

③快適か不快かといったクライエントの状態をつねにチェックし続けること。

そうしてカウンセラーではなく、クライエントがセッションをコントロールしているという感覚をもたせることが大事だという。

このように心に傷を負ったり、元気をなくしている人に対しては、最初のうちはクライエントに完全に受け身になってもらい、「身を委ねてもらう」態度が重要だ。そこから次第に、自分の感覚をもとに、自らの足で立って歩いていけるように促していくこともまた大切なポイントである。

発達障害（神経発達症）

国の試算によると、現在、通級学級の小中学生の六・五％（六〇万人程度）に発達障害の可能性があるという（なお、最新のアメリカ精神医学会が出している診断基準では、「神経発達症」と名称が変更になったが、本稿では従来通りの「発達障害」を用いる）。発達障害にはいろいろなタイプの人がいるため、同じ発達障害といっても、一人ひとりが実に個性的である。発達凸《でこ》凹《ぼこ》といわれる理由もそこにある。

障害としての医学的な診断は、日常生活を送るうえでのマイナス面（例：他人の気持ちなどの想像が苦手、コミュニケーション力が弱い、衝動的に動いてしまう、ミスや抜け漏れが多い）があるため診断されるが、「凹《ぼこ》」だけではない。環境によっては、ルールを順守する、細部に気づく、創造力があるなどの「凸《でこ》」の側面もあるのである。

このように、一人ひとりが個性的な特徴をもっているので、決定的な治療法はまだ確立されていない。多くは薬でコントロールしつつ、療育を受けながら症状の改善を期待するといった援助が行われている。

自閉症スペクトラム障害

まずは自閉症スペクトラム障害（以下、ＡＳＤ）の人への、「薬を用いない援助法」の効果についてみていく。表４－４に示したのは、厳密な研究で信頼できる効果を測定し、そこから得られた効果をもとに、それらをグレードＡからＤまで格付けした結果である。

これをみると、もっとも効果が高いことが証明されているのは、音楽療法である。

たとえば、歌を歌ったり楽器を演奏したり、ジョイント演奏をするなどの活動を続ける

治療法	グレード
音楽療法	A
ヴィジョン・セラピー*	B
マッサージ	C
指圧	C
ニューロフィードバック	C
ホメオパシー	D

＊ヴィジョン・セラピーとは：ASDの人は、見ているものがぼやけたり、見るものに正確に視線を合わせることができないなど、「見え」に関する問題をもっていることがある。それらを改善するための特殊なレンズの眼鏡を使った治療法で、背筋がのびたり、視覚運動学習が改善される効果があるとされる。

表4-4　ASDへの薬を使わない治療法の効果

ことで、「視線を合わせる時間が長くなる」といったコミュニケーションスキルが改善したといった報告もある。もちろん、ＡＳＤの中核症状である、「心の理論」（他者の心の状態を推測する心の機能）が治るわけではないが、一部の症状は改善する。

さて、この表でマッサージはグレードＣの評価となっている。一方で、「薬を用いた治療法」に注目してみると、オキシトシンはグレードＢに評価されている。ＡＳＤの人は、脳内でオキシトシンを作る遺伝子に欠損があるために、健常者よりもオキシトシンの濃度が低いことがわかっている。そのためオキシトシンを鼻から吸入して脳に取り込むことで、症状が改善されるという理屈によるものである。

マッサージとオキシトシン

マッサージとオキシトシンで効果が異なるのはなぜだろうか。マッサージがオキシトシンを増やすことは、さまざまな研究から明らかになっている。ただしマッサージは、音楽療法や、ヴィジョン・セラピーとは異なり、他者とのコミュニケーションが前提になる。オキシトシンの作用がグレードＢであることをあわせて考えると、オキシトシンを分泌させやすいマッサージをするのがよいことになるだろう。

そのためにはどうしたらよいだろうか。

第一は、オキシトシンは信頼関係と関わっている。だからマッサージをする前に、十分に時間をかけて、互いに信頼関係を築いておくことが必要であるといえる。私たちは、知らない人に触れられたら、心地よく感じないばかりか、不安や恐怖を感じてしまうことだろう。ＡＳＤの人は、他者に無関心であるように見えるが、実際には非常に繊細で過敏なので、そのような症状が極端に出やすい。

第二は、マッサージをすることでオキシトシンが分泌されることを明らかにしている多くの研究では、マッサージを行う手の動きは少ないか、あるいは非常にゆっくりとした速度であるという特徴がある。だから、通常のマッサージとは違い、肩にしっかりと手をおくだけ、あるいは腕を包み込むように圧をかける、などの触れ方が適しているといえる。

発達障害のある人は、触覚防衛といって、動きのある触覚刺激に過敏に反応してしまう傾向がある。だから通常のマッサージのように手を速く動かしてしまうと、不安などの覚醒水準があがってしまい、オキシトシンが出にくくなってしまう。ＡＳＤの人の場合は、なによりも相手を安心させることを第一に考えて触れることが大切である。

第三は、触れる部位である。健常な人の場合は、手や顔へのマッサージはリラックス効

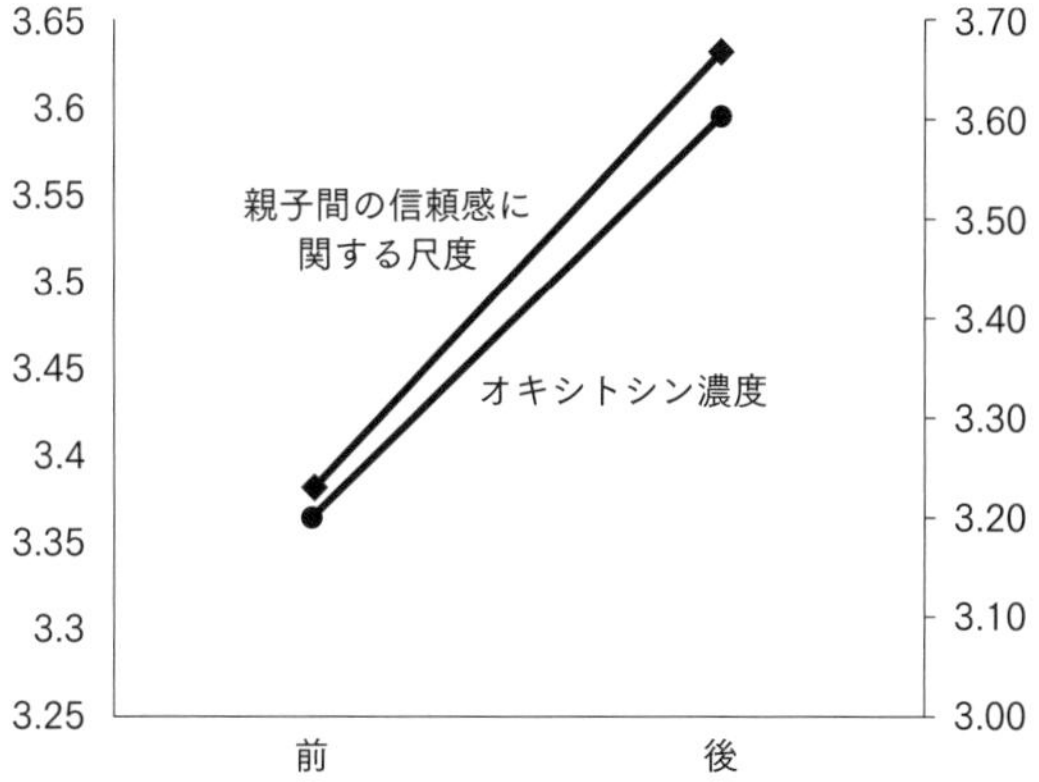

※右軸はオキシトシン濃度（pg/ml）、左軸は信頼感を表す（堀越、2017 より一部改編）

図 4–5　親子間の信頼感に関する得点と各回施術前後のオキシトシン濃度

果がとても高いのだが、ＡＳＤの人はそれらの部位に触れられることを本能的に嫌がることが多い。手や顔は、相手を手でつかむ、口で噛みつくといった攻撃を加えるための部位でもあるので、その部位に触れられることで、逆に攻撃性が高まってしまうこともある。したがって、リラックスしてオキシトシンを分泌させるためには、それらの部位ではなく、肩や背中、腕といった部位が適しているようだ。

実際、これらの点に注意してＡＳＤ児にマッサージをした、私のゼミ生の堀越の研究によれば、症状の軽い子どもはマッサージによってオキシトシンが分泌され、症状の改善がみられることがわかった。さらにはこのような子どもは母親との信頼感が高まり、母親の育児ストレスが軽減されるといった効果がみられた（図４－５）。

ただし残念ながら、症状の重い子どもにはこのような効果はみられなかった。症状の重い子どもは、触れられることを嫌がり、十分にマッサージができなかったため、オキシトシンの分泌も増えなかったのだと考えられる。

注意欠陥・多動性障害

ＡＤＨＤ（注意欠陥・多動性障害）の子どもにも、マッサージは効果があるという。

ＡＤＨＤの子どもへの効果は、オキシトシンにあるというよりは、迷走神経を刺激することによる効果ともいわれている。迷走神経は上半身（横隔膜より上部）を支配しているため、その部位に圧をかけるようなマッサージをすると、リラックス効果を発揮して注意欠陥や多動の症状を改善するようだ。

またマッサージを続けると、ＡＤＨＤの子どもによくみられる、不安や抑うつといった気分の障害も改善されることもわかっている。ＡＤＨＤの子どもは、じっとしていることができない症状を抱えているので、じっくりと長時間マッサージするのではなく、短時間での触れ合いを楽しみながら行うといった工夫をするとよいだろう。

以上をまとめると、ＡＳＤとＡＤＨＤ、どちらの症状であっても、まずは信頼関係を築き、音楽などを用いた遊びの雰囲気のなかで、上半身に圧をかけるような触れ方で短時間触れることを繰り返し行うことで効果が期待できるといえるだろう。

児童虐待

虐待は、身体的なものと精神的なものに大別できるが、たとえば殴る、蹴るといった暴力による身体的な虐待は、ネガティブなタッチングが極端に現れたものであるといえる。だから虐待を受けた子どもは、タッチングをネガティブなものとして捉えてしまう傾向があり、成人後も触れられることに抵抗を感じやすい。

しかしスミスの研究によると、虐待を受けた子どもの七一％は、適切に触れられることで、自尊感情を回復し、自分自身が治療の主役であることを実感していることがわかった。幼少期の虐待は、その後の長い人生にわたって、心と身体に負の影響を与え続けてしまう。それは、人生早期の養育によって、エピジェネティックな変化が生じるためである（91ページ参照）。

実際、ハイムによると、幼少期に虐待やネグレクトを受けた子どもは、成人後もオキシトシン濃度が低いままになってしまい、他者を信頼しにくい状態になっていることもわかっている。

しかしこのような人でも、オキシトシン濃度はつねに低いわけではないという。

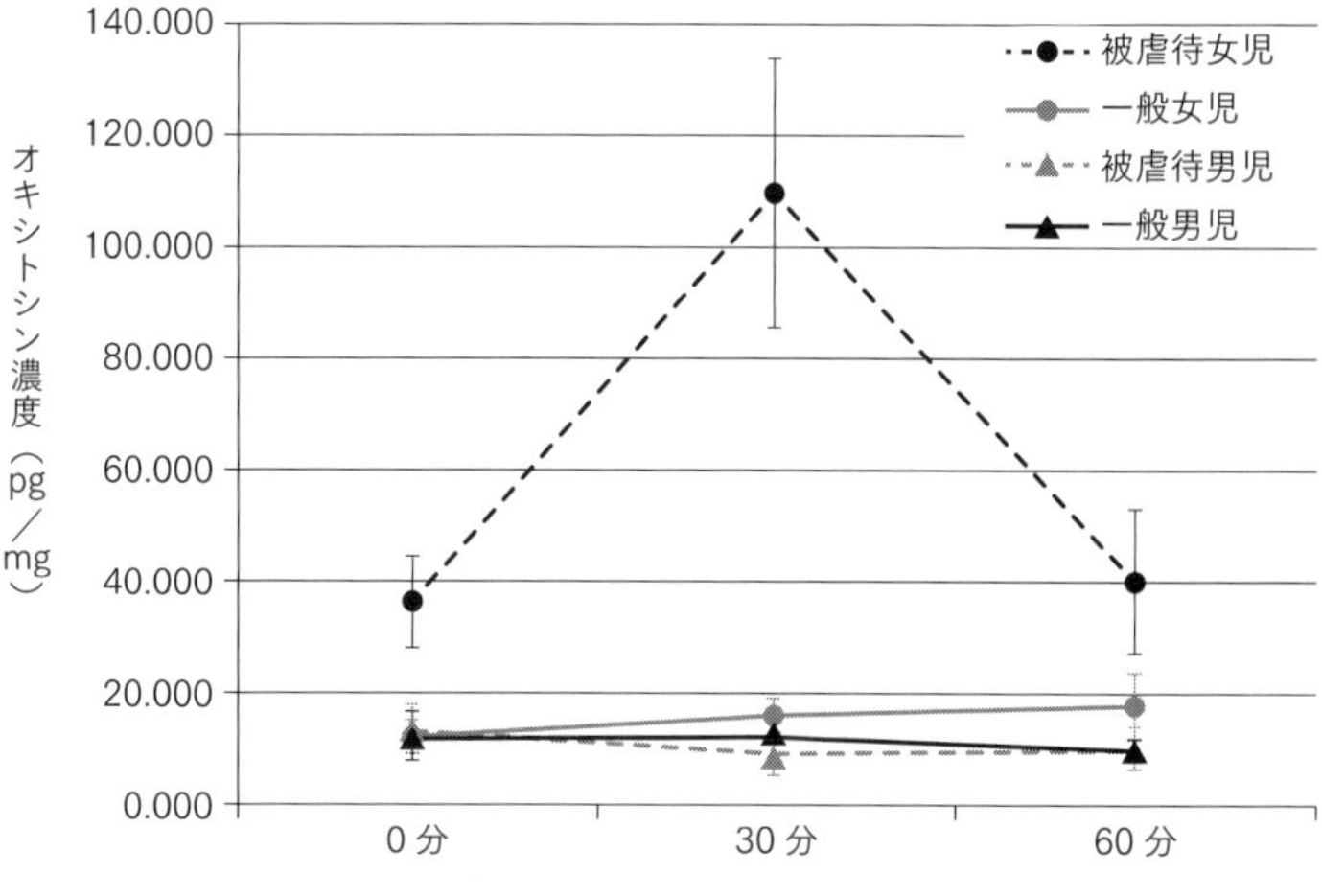

図4-6　虐待をうけた子どもとオキシトシン（Seltzer, et al., 2014）

米国の心理学者、セルツァーらは、一〇歳前後の男女三七人の虐待を受けた子ども、あるいは受けていない子どもたちに、人前でスピーチをしてもらうというストレスを与え、その後のオキシトシンの変化を測定した。

その結果、虐待を受けた女児は、ストレスがかかるとその三〇分後にオキシトシンの過剰分泌が起こることがわかった。その傾向は、虐待を受けなかった女児、あるいは男児のパターンとは明らかに異なるものだった（図4–6参照）。


この結果はどういうことなのだろうか？

虐待を受けた女児は、ストレスがかかる状況におかれると、その後三〇分ほどでオキシトシンの過剰分泌が起こって、誰でもいいから「信用」して、その人に頼って生き延びようとする戦略をとっているとの説が有力だ。

一方、虐待を受けた男児の場合は、ストレスがかかる状況でも自分自身でなんとか解決して、人に頼ろうとはしないのかもしれない。

以上みてきたように、心身を癒すタッチには、実にさまざまなバリエーションがあることがわかった。

癒しのタッチは健常な人に触れるよりも繊細な注意が必要であることはいうまでもないが、細心の注意を払って触れれば、想像以上の効果をもたらしてくれるだろう。

第 5 章
日本人の幸福とは

あらためて、幸福とは何か

最後に、これまでの研究結果を踏まえて、日本人にとっての幸福とは何か、というテーマを進めて本書を締めくくりたい。

日本人の幸福を論じた書物は数多《あまた》あるが、本書では特に、幸福とは対極にある概念である「抑うつ」、そしてその最たる絶望の行為としての「自殺」といった観点から逆に幸福を照射してみたい。

さて、これまで述べてきた西洋を中心とした科学的な研究では、幸福の追求が人間にとってもっとも価値のある生き方だという固定観念が下地にあったと思う。そしてほとんど誰もがそれを信じて疑うことさえしてこなかったように思う。

しかし私は必ずしもそうではないと思っている。

多良間島から

私は二〇一二年から三年間、早稲田大学の根ケ山光一を筆頭とする研究チームの一員として、沖縄県の多良間《たらま》島の研究に携わってきた。そのなかで、幸福とは何か、ということを強く意識させられた。

多良間村の人口は一二〇〇人弱（多良間村ＨＰより）、所得水準も低く、人々の生活は物質面では豊かとはいえない。宮古島と石垣島のほぼ中間にある島の中に、スーパーは二軒あるものの、どちらも生活にとって本当に必要な商品だけしか陳列されていないため、ワクワクするような品物は皆無である。

ところが村の子どもたちをみると、みな、人懐こい笑顔で近づいてきては、話しかけてくる。とても幸せそうに見えるのだ。こういっては失礼なのだが、発展途上国の子どもたちが、物質的には恵まれていないにも関わらず、みな、とても幸せそうな笑顔でいることはよく指摘されているが、それと似た印象を受けた。

またこの島で特徴的だったのは、スキンシップの多さだ。それは子ども同士の遊びのなかにも溢れているし、親子、老人と子どもなど、さまざまな関係のなかでスキンシップがごく自然な行為として根付いていた。

保育園にお邪魔すれば、私のような初顔のおじさんにさえも、手をつないだり、背中に飛び乗ってきたりと、容赦ない。人を疑ったり怪しんだりといった不審感を抱いたりすることとは無縁に感じた。

かつての日本人は、多かれ少なかれ、似たようなものだったのではないか。島での体験を通じて「幸福の追求」や「自己実現」に人生の最大の価値をおく西洋文化と日本文化とは、そもそもの土壌がかなり違っていると思わずにいられなかった。

端的にいえば多良間では、「不幸なことがないのが幸せ」であり、わざわざ幸福の種を見つけて追求するというような生き方はしていないように見えた。温かい人間関係に囲まれて、厳しい自然のなかで互いに助け合って生きていることが、すなわち幸福なのではないだろうか。

１　日本人と自殺

人助け指数

この「助け合って生きる」ということが幸福への近道だと仮定して、もう少し掘り下げてみていこう。

英国のチャリティー団体ＣＡＦ（Charities Aid Foundation）は、毎年、世界寄付指数（World Giving Index）と呼ばれる指数を公表している（図5－1）。

それは「人助け」、「寄付」、「ボランティア」について、それぞれの国の人たちがどの程度しているか尋ね、その回答から各国をランク付けしたものだ。世界寄付指数は、その国の人がどれだけ他人に対して温かいか、冷たいかを知る目安となる。

三つの質問とは、次の三問である。

①人助け指数：面識のない人や、助けを求めていた見知らぬ人に手助けをしましたか？
②寄付指数：宗教団体や政治団体、慈善団体等に寄付を行いましたか？
③ボランティア指数：ボランティアに時間を捧げましたか？

各質問はいずれもここ数か月のことについて尋ねられ、「はい」と答えた人の割合（スコア）と、このスコアから出した国ごとの順位が公表されている。

二〇一七年に発表された、二〇一六年の総合指数の結果をみると、上位三カ国は、ミャンマー、インドネシア、ケニアの順だった。ミャンマーは特に寄付指数が高く（九一％）、寄付が広く一般的に行われていることがわかる。これは上座部仏教の影響が大きいという。つまり布施を行うことがご利益を得る一番の方法なのである。宗教という文化が人々の寄付行動に大きな影響を与えていることがわかる。

一方、米国は三指標のうち二つでトップ一〇に入っている。困っている人を助けようとする意識が社会に根付いているように見える。

2016年の総合ランキング

1	ミャンマー
2	インドネシア
3	ケニア
4	ニュージーランド
5	アメリカ合衆国
6	オーストラリア
7	カナダ
8	アイルランド
9	UAE
10	オランダ

※　日本は111位

人助け指数（2016年調査）

1	シエラレオネ	81
2	イラク	78
3	リビア	77
4	ケニア	76
5	リベリア	75
6	クウェート	74
7	アメリカ合衆国	73
8	ウガンダ	73
9	南アフリカ	72
10	サウジアラビア王国	71

※　日本は135位　（%）

寄付指数（2016年調査）

1	ミャンマー	91
2	インドネシア	79
3	マルタ	73
4	アイスランド	68
5	タイ	68
6	ニュージーランド	65
7	オランダ	64
8	イギリス	64
9	オーストラリア	63
10	カナダ	61

※　日本は46位　（%）

ボランティア指数（2016年調査）

1	インドネシア	55
2	ケニア	51
3	ミャンマー	51
4	リベリア	46
5	タジキスタン	44
6	ニュージーランド	41
7	アメリカ合衆国	41
8	シエラレオネ	41
9	モーリタニア	40
10	オーストラリア	40

※　日本は73位　（%）

図5-1　世界寄付指数

全体的にみれば、懐《ふところ》に余裕がある先進地域である、北アメリカ、西ヨーロッパ、オセアニアの指数が高く、他人に対して温かいことがわかる。経済的な理由の他にも、キリスト教などの宗教も影響を及ぼしているようだ。また、「人助け指数」の上位はアフリカなどの発展途上国が多いが、それは互いに助け合って生きる文化が譲成されているためだろう。

さて、我が国はどうだろうか。残念ながら次のような状況だ。

日本は冷たい国？

①人助け指数：二三％——一三五位
②寄付指数：三二％——四六位
③ボランティア指数：一八％——七三位
総合ランキング：一一一位

世界でも有数の豊かな国の一つであるはずの日本は、他人に対して冷たい国であることが一目瞭然だ。特に人助け指数が一三九カ国中一三五位で、世界ワースト五位だ。大震災が起こった二〇一一年にピークに達して以降、日本の寄付指数は減少傾向にある。とは言え、三つの指標のなかでは、寄付指数が最も高い。一時、ボランティアに費やす時間がのびたことがあったが、二〇一六年の統計では日本のボランティア指数は全体の半数よりも後ろにとどまっている。

今度はもう一つ、まったく別の指標として、自殺率についてみてみよう。

日本人の一〇万人あたりの自殺率は一八・五七人（平成二七年）であり、経済協力開発機構（ＯＥＣＤ）平均の一二・四人と比べて未だに大きい値である。

自殺率のピークは一九九〇年代であり、その後二〇〇〇年から二〇一一年の間に六・三％減少し、現在も減少傾向にはある。しかし未だＯＥＣＤ平均に比べ数値が高いため、要注意だとＯＥＣＤは勧告している。

自殺率と人助け指数の関係

ここで筆者は、人助け指数と自殺率との関係について分析してみた（図5―2）。自殺率はOECDのデータを参考に、上位四〇カ国のデータを選択して分析してみた。

　すると人助け指数が高いほど、自殺率が下がる傾向があることがわかった。相関係数は〇・三三で、統計的に有意だったので、中程度の相関関係があるといえる。

人にやさしい社会であるほど、自殺率は低いのである。人助け指数がワースト五位である日本では、もしかすると、救えるはずの命なのに、誰からも手を差しのべられずに自殺に至ってしまう人が多いのではないだろうか。

自殺は、社会の病であるといえる。

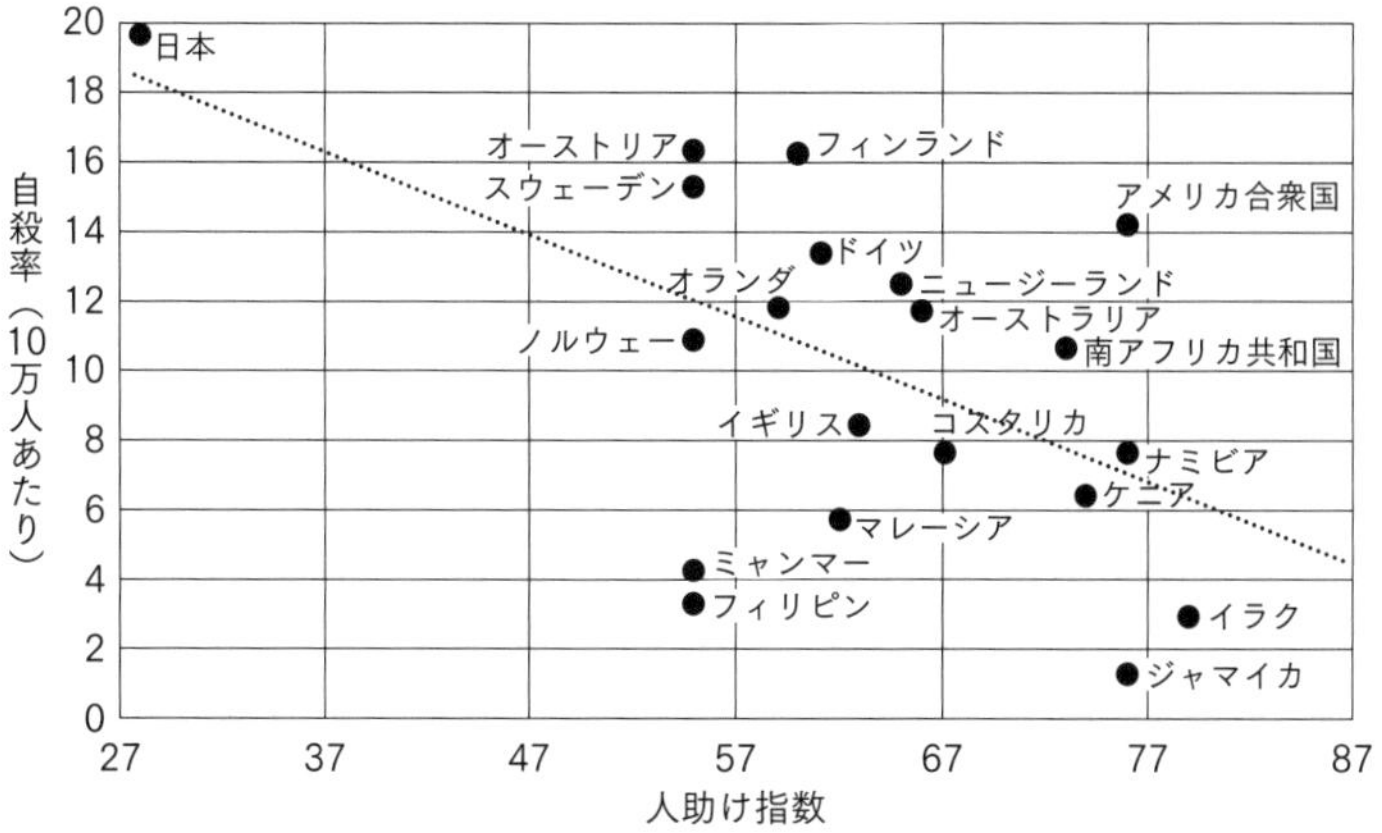

図5-2　自殺率と人助け指数（自殺率と人助け指数のデータをもとに作成）

2　幸せでなくてもよいという視点

自殺希少地域とは

では、国内ではどのような地域差があるだろうか。これまでの多くの研究では、自殺が多い地方や自治体が注目され、いかに自殺率を下げるかという取り組みがなされてきた。ここで日本には逆に自殺が少ない「自殺希少地域」というのがあり、そのような地域の特性についての研究があるので紹介したい。一つは岡壇著『生き心地の良い町――この自殺率の低さには理由がある』(講談社)であり、もう一冊は、森川すいめい著『その島のひとたちは、ひとの話をきかない』(青土社)である。

岡の『生き心地の良い町』では、意外なことが書かれていた。自殺希少地域である徳島県の旧海部町(現在は合併した海陽町の一部であり、本書では海部町と呼ぶ)で住民アンケートをしたところ、隣近所とのつきあい方が「緊密」と回答した人たちは約一六％と少数派であり、「立ち話程度」「あいさつ程度」が八割を超えていたという。一方、自殺で亡くなる人が多い地域では「緊密」とする人たちは約四割を超えていた。

これは意外な結果だ。なぜだろうか？　その理由として岡は、コミュニティが緊密になるほど、それは逆説的に排他性が生まれることになり、そのなかに入っていけない人が孤立すると指摘している。この発想はまさに目から鱗が落ちるものだったが、非常に納得できるものだ。

また自殺希少地域では、「相手は変えられない」という思いが強いという。岡が訪ねた地域にはそれぞれ自然が厳しいとか、個人の力ではどうにもならない圧倒的な事象が多かったようだ。だから、変われるのは自分しかいないわけで、相手を変えようとするのではなく、受け入れていくしかないのだ。そして、受け入れてみなと生きていくためには、多様性を認めなければならないことになる。

この町では、そのような態度をみながもっているのだ。

自発的なボランティア活動

ボランティア活動については、自殺希少地域である海部町の人たちはどう考えているのだろうか。

岡によると、驚くべきことに、海部町の人たちのボランティア精神は独特であるらしい。まず赤い羽根募金にはまったく協力的ではないようだ。隣接する他の地域よりも集まる金額が少ない。そうかといって、単なるケチとは違い、海部町では周りの人が募金するから自分もする、というような発想ではなく、納得できるところにだけ募金するのだという。他の住民と足並みをそろえて何かをやろうというような「統制」や「均質」を避けようとする傾向があることがわかる。弱いつながりだからこそ、統制がなくなり、自分の意思でボランティアを行うことができる。

第1章で、ボランティアをする際には、相手のことを思う利他の心が大事だと述べたが、そのとおりだ。強制感があっては、オキシトシンは分泌されないし、健康にもつながらない。

「つながり」と「生きづらさ」

ここまで述べてきた、「弱いつながり」と「個々人のボランティア精神」を重視する態度は、次の事実に端的に示されているように思う。

海部町の住民のうつの受診率は、近隣市町村のそれに比べて高いという。うつは自殺の危険因子であるということはすでに多くの研究から認められているため、これは意外に思った。しかしそうではないようだ。海部町でもうつになる割合は変わらないが、それらの人が精神科などの医療機関を受診する割合が高いということのようだ。

緊密な人間関係が築かれている地域では、うつになったときに精神科にかかっていることが周囲にバレてしまったら、それこそ大問題である。頭がおかしくなった、という噂があっという間に広がって、将来にわたって禍根を残すことになるだろう。それに対して海部町では、隣人がうつになった、と聞くと、みなが口々に「見舞いに行ってあげよう」、と行動を起こすそうだ。それも打てば響くように、何のためらいも、そっとしておいてあげようといった心配りもなく、すぐに行動に移すという。

また、次に紹介するエピソードも興味深い。海部町の近隣の、自殺率が平均的な地域では、助け合いのシステムが立派にある。しかしそこの独居高齢者が風邪をひいて寝込んでいるときに、保健師が訪れたところ、三分の一ばかり残した畑の草刈りが気になっていたようで、近所に迷惑をかけてしまうことを非常に気にしていたそうだ。自分の風邪を早く治すことよりも、近所迷惑になることを恐れるという心性が読み取れる。その町では、昔からお年寄りたちは強い絆で結ばれていて、相互に助け合いながら暮らしてきたという。そのようなシステムがかえって生きづらさを増幅させてしまうということもあるのだと思う。

幸せでなくてもいい

岡によると、海部町と近隣の町を比べると、海部町の住民の幸福度は、近隣の三町のなかでもっとも低いという意外な結果であったという。詳しくみていくと、「幸せでも不幸せでもない」と感じている人の比率はもっとも高い。ただ、「不幸せ」と感じている人の割合はもっとも低かったという。

幸福感というのは、客観的な指標ではなく、あくまで個人的な主観の問題である。だから経済的な豊かさなどとはほとんど関係なく、しかも、世間や他者の暮らしや生活ぶりと比べたときに、幸福感はかんたんに上がりも下がりもする。

このことから岡は、「幸せであることよりも不幸でないことのほうがより重要だ」と考えるようになったという。「誰もが遭遇する病苦や経済的問題、親しい人との死別などの悲しみなどの困難に遭遇したときに、無意識に発動される思考傾向や行動様式のほうが、日ごろの幸福感よりもよほど重要である」と述べている。

要するに、「幸せ」であることが必ずしも大切なのではなく、何らかの理由で幸せを感じられなくなったときの対処の仕方こそが肝心だという。

ただ、このことについては慎重な解釈が必要だと思う。つまり、海部町の調査というのは、その前提として、きちんとした地域のコミュニティが築かれている地域の調査だということである。強いつながりよりも弱いつながりのほうが人々は息苦しさを感じずに済み、それでいて困ったときには頼りになる、助け合いの絆をつくっておくことが必要だという理屈は非常に納得できるものだ。むしろ、そうしたコミュニティでは、「弱いつながり」に裏打ちされた人々同士の信頼感や安心感があるからこそ、「幸せでなくてもいい」という価値観が生まれてくるのではないだろうか。

このような見解は、コミュニティはあっても自殺率が高い秋田県や岩手県（厚労省自殺の統計：平成二八年）などは、ぜひ参考にしていただきたい。

つながりが希薄な都市部での課題

それでは地域社会が崩壊しているとされる都市部ではどうだろうか。

多くの都市部では地域のコミュニティも存在せず、一人ひとりの人間がまるで根無し草のようにふわふわと浮遊して生活しているようで、地域に愛着をもっていない人も多い。そこでは「弱いつながり」に裏打ちされた助け合いの絆もなく、「幸せでなくてもいい」という価値観も通用しないだろう。そのような地域では、まずは弱いつながりをつくることから始めることが必要ではないだろうか。

そのためには地域のボランティア活動に参加することがよいと思う。地域のボランティア活動であれば、地域の知らない人々と交流をもつことができ、自然に絆も生まれていく。しかも血縁ではないつながりであるため、望まないのに続いていくような強いつながりになることもないだろう。

また地域の運動会などに参加するのはどうだろうか。見ず知らずの人とでも、ある一つの目的のためにともに汗を流し、チームスポーツの場面で生じやすいハイタッチなどで触れる機会をつくれば、人々が打ち解けるきっかけとなり、弱いつながりの端緒となるだろう。そのようなつながりは、互いの家族が困ったときに助け合うための大切な絆になるはずである。

「遠い親戚より身近な他人」といわれることもあるが、まずは身近な他人と一緒に実際に何かの活動をともにすることで顔見知りになっておく。そしてその後は、SNSなどを活用してそのつながりを維持していけばよいのではないだろうか。SNSはそのような弱いつながりをなんとなく維持し続けるためにはとても便利な道具でもある。

地域のボランティア活動に積極的に参加しようとする気持ちをもつこと、すなわち絆をつくるためには、やはりオキシトシン濃度を高めることが重要である。そしてそのためには、身近な家族とタッチングを増やすのがよいということになる。

2章で述べたように、感謝や共感、思いやりなどのポジティブな感情はタッチングを用いないとうまく伝わらない。今まで言葉だけで、あるいは無意識のうちに表情や声で伝えていた気持ちを、タッチングで意識して伝えるようにするのがよいのではないだろうか。

多良間島を訪れ、そうした弱くも温かいつながりのなかに、日本人はほのぼのとした幸せを感じるのではないかと思うようになった。「自分はなんて幸せだ」と強く実感するような場面は、結婚や出産、合格発表などの特定の場面に限られるであろう。そうした強い幸福感ではなく、日常でのほのぼのとした「満たされ感」のようなものこそが、大事だろうと思うのである。

これまでの心理学が錦の御旗として標榜してきた、「幸福を追求する」というテーマは、あくまで西洋の価値観であり、それは個人の自己実現に最大の価値をおく文化の下でこそ通用することではないか。ＡＩの台頭によってこれからますます人との接触が希薄になるであろう社会において、日本人の感じる幸せとは何かということを、改めて考える時期に来ていると思う。

次に、そのような日本人の幸せのベースになる触覚文化や皮膚感覚について俎上にあげてみよう。

3　日本人の触覚

韓国は視覚文化、日本は触覚文化

日本人は触覚にきわめて繊細だ。「ツルツル」「ザラザラ」などの触覚を表すオノマトペは、世界のどの文化よりも豊富にある。また「気持ちを逆なでされた」とか「幸せに包まれる」などの触覚を使った感情表現も実に多い。日本は世界でも名だたる触覚文化である。

韓国の葬儀の場面をテレビで観て驚いたことがある。参列した人々は大声で泣きわめき、全身で悲しみを表現しているようだった。これは視覚文化といえるのではないか。

それに対して日本人の場合、たとえば妻を震災で亡くした夫がインタビューを受けていた。夫は一見平然として、あるいは少し笑顔で話しているようにさえ見えていたが、ふと話が途切れた瞬間に後ろを向いて嗚咽《おえつ》してしまったのだった。日本人はそこに夫の深い悲しみを読み取るのである。

「隠すことで、実はあることをほのめかす」といった表現手法は、心の襞《ひだ》の奥深さを、陰影を使って表現しているようなものだ。これも、見て判断する視覚文化に対して、肌感覚として感じ、慮《おもんぱか》る、触覚文化であるといえるだろう。

西洋の「靴文化」に対して日本が「はだし文化」であることも、触覚文化を育んだ一因だともいえよう。西洋の「シャワー文化」に対して、「風呂・温泉文化」、見た目重視の「洋服文化」に対して、着心地重視の「和服文化」など、例はたくさんある。

美しさの基準

話は変わるが、美しさの要素を日韓で比較した研究では、肌を美しく見せたいという「美肌指向」は日本が韓国に比べて有意に高いことがわかった。日本人が自己の体毛や体臭、また、顔の毛穴やシミ、ソバカスといった肌の欠点とされるものに対して、強い嫌悪感を抱いていることがうかがえる。

日本人は自己の欠点をできるだけなくそうとするが、この傾向は日本人が積極的に自己主張せず、間接的な意思表示を好み、相手に汲み取ってもらうことを期待するコミュニケーションを重視しており、歴史的に見ても隠したり抑制された外見美を重んじる意識があるからだろう。

主張することや目立つことは避け、欠点を排除し周囲に浸透しようとする意識は、〝ふつうであること〟を好ましいとする日本文化からも読むことができる。

顔よりこころ

趙によると、韓国において自己の外見の魅力を高めようと努めることはとても重要であり、知識や技術を高めるために努力することと同様に、好ましい行動として捉えられるという。

それに対して日本は、「顔よりこころ」の価値観があり、むやみに外見を装飾したり加工する行為は好ましいとされない傾向があるように思われる。美容整形のような身体の外科的処置に対する態度は、このように、外見そのものの捉え方が文化により異なることも、重要な原因となっている可能性が考えられる。

韓国の女性には儒教の影響により、古くから共有されている身体観が存在する。儒教の

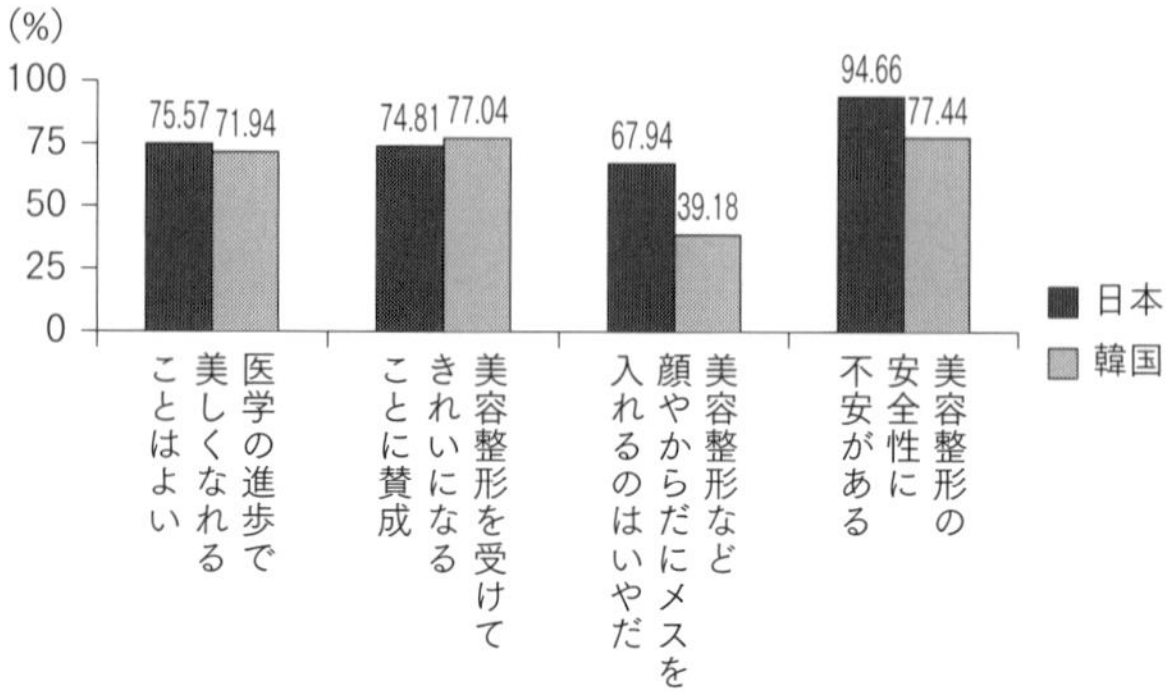

美容整形に関する意見に賛成している人の割合（%）

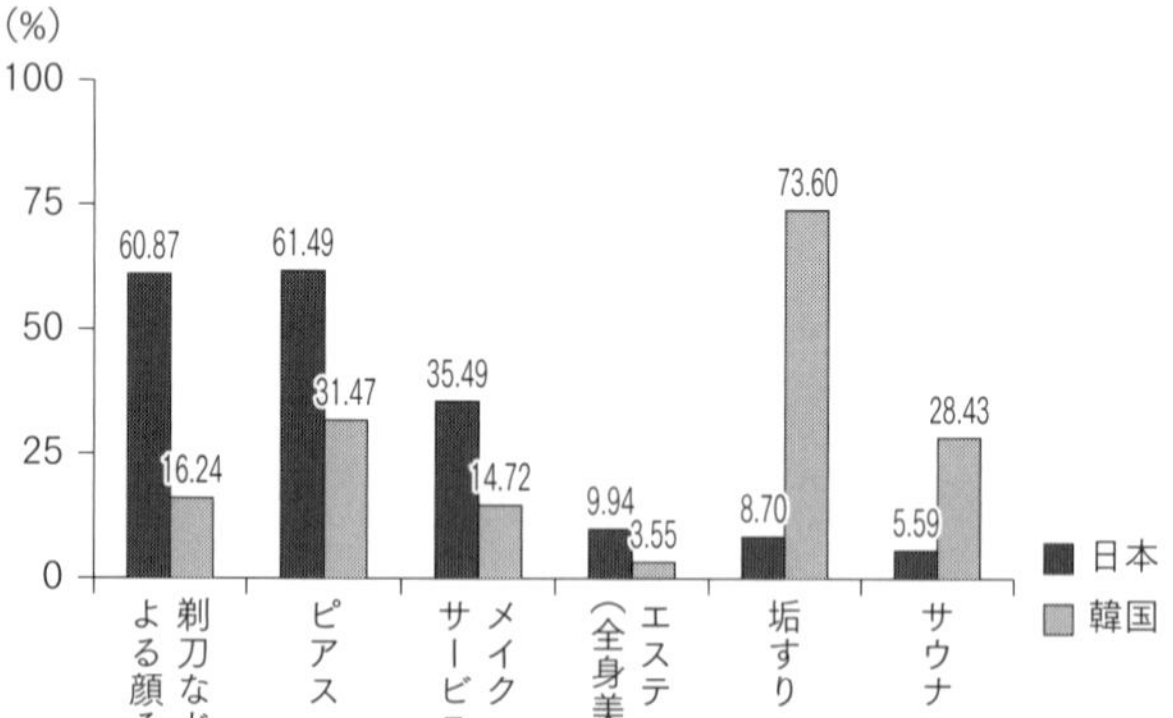

外見管理の経験率（%）

図 5-3　日本と韓国の美意識（金・大坊、2011）

教えでは、女性のもっとも重要な役割は子どもを産むことであり、子どもを産むための「身体」はとても大切なものとされている。そしてこの身体は、個人のものというよりは、親族全体で共有しているものという「Subjectless Body（主体のない身体）」として重要視されている。したがって韓国人女性にとっては、身体は自己の所有物であるとか、自己を象徴するものであるという感覚はほとんどないという。それに対し日本は「Subject Body（主体のある身体）」といえるだろう。

この違いが、化粧行動や他者とのあり方に関する価値観、ひいては幸福感の捉え方に影響を与えている可能性は少なくないだろう。

さらにケアの方法を比べてみると、日本では「顔剃《そ》り」や「脱毛」といったムダ毛のケアが入念であり、日本人に独特な無毛指向がうかがえる。

それに対して韓国では伝統的な美容法である、「サウナ」、「垢すり」、「顔パック」といった肌そのものへのケアが重視される。それらは肌の見た目の美しさを追求している点で、やはり視覚文化といえるだろう（図5－3）。

皮膚からみる日本人の自我

剃毛と身体的自己

さて、毛を剃ること、すなわち剃毛《ていもう》すると、触覚はどうなるだろうか。

男性であれば電気シェーバーではなく、かみそりを使ってひげを剃った場合、剃ったあとの頬やあごに触れる感覚が、ずいぶんと違うことにお気づきだろう。女性でも前腕やすねなどの毛を剃ったあと、触れたときの感覚が変わることは、多かれ少なかれおわかりのはずだ。

たとえば前腕の毛を剃ってみて、そこにもう一方の手のひらで触ってみたとしよう。感覚がずいぶん違うことに驚かれるだろう。しかしそれが、前腕が感じている違いなのか、触れた手のひらのほうが感じた違いなのかは区別が難しいだろう。

では、前腕をハンカチやタオルで撫でてみよう。すると、ハンカチで撫でたときとタオルで撫でたときとで、感覚の違いは明白であるはずだ。そうであれば、その感覚の違いは、前腕自体の感覚の違いが原因で生まれたということがわかる。

しかも、毛を剃る前と後で感覚が違ったということは、毛のあるなしによる違いであることから、毛に巻き付いた受容器である、C触覚線維が感知した結果であると考えることができる。第2章でも述べたように、C触覚線維は自己の意識と結びついており、身体所有感を生み出すものである。

ここで前述の「日本人女性が毛を剃りたがる」現象についてもう少し考えてみたい。それは顔のつくりといった自分の身体自体を改変することに抵抗があるのだろう。そこで身体の改変はせずに済む剃毛が重視されるのかもしれない。また「毛」は動物的、男性的、成人的な特徴をもつため、それらの特徴を拒否したい心の表れかもしれない。

しかしいずれにしても、剃毛という行為は、自分でも気づかないうちに、触覚が変化し、身体的自己が希薄になってしまうことを危惧すべきだと思う。

日本では若い女性に限らず、最近では男性も剃毛するようになった。このことが、身体的自己を蝕んでいることと無縁だとはいえないだろう。その結果、身体は自己の一部ではなくなり、単なる物体としての性質が強まっていく。身体の改変への抵抗も小さくなれば、日本でも美容整形が抵抗なく流行り出すかもしれない。

前述のように、剃毛した部分の触覚はがらりと変わる。繊細な感覚がなくなり、いわばビニールを当てているようなおおざっぱな感覚になるのだ。さらに日常生活で手で触れるものといえば、机やペン、スマートフォンやキーボードなどの工業製品ばかりである。これでは触覚を意識することさえ少なくなってくる。有毛部皮膚への刺激にしても、肌着はほとんどが綿や化繊などで、繊細なシルクなどの素材はめったに使われなくなった。足で触れるものも、多くの家庭ではカーペットやフローリングで、畳の和室は一間あるかどうかといった間取りの家も増えた。

言葉の感覚の薄れ

日本人の繊細な感情というのは、触覚から来ているものではないか、と先に述べた。触覚の感覚が乏しくなり、おおざっぱな触覚になってしまうことと、言葉、それも特に感情表現の言葉がおおざっぱで表面的なものになっている現象は、無関係ではないだろう。

最近の若者の言葉がとてもおおざっぱなものになっていることは以前から指摘されている。すなわち、「やばい」、「きもい」、「うざい」などである。こういった単純な言葉に多くの意味をもたせることで感情表現を済ませてしまい、心の襞《ひだ》に分け入って言葉を探すような作業をしなくなっているように思う。それでは薄っぺらな、単純で画一的な感情ばかりしか感じられなくなっていくのではないだろうか。

さらには「グルーミングから言葉が生まれた」とする説が正しいとすれば、幼少期にタッチをあまりしなくなった日本人の言語感覚が薄らいでくるのは、当然ともいえる。

本章の冒頭で多良間島の子どもたちのことを述べたが、都会の子どもは、幼い頃から勉強やゲームばかりして、人との関わりが少なく、コミュニケーションがどんどん下手になり、人間関係がすぐに悪くなってしまうことが多いと感じている。

ＳＮＳなども気の合う人とばかり集まってしまうので、自分たちと違う人とは関わらなくなる。多様性を包摂し、自分のなかの多様性を育む力は、こうした環境だとなかなか育たないのではないか。

だから、子どもたち同士で遊んで、たくさんケンカして、ケンカした後はきちんと握手して仲直りできるようにする。失敗したら排除するのではなく、「失敗していいんだよ」という環境を、大人が整えることがとても大事だろう。ルールでがんじがらめにしてしまうと、子どもは自分の人生を試せなくなる。試してみて、たとえ失敗しても、フォローしてもらえるということが、子ども一人ひとりの力を育てていくことにつながる。

争わない生物――ナマコの皮膚から考える日本人の幸福

最後に、日本人の生き方を皮膚の観点から論じてこの章を終わりにしたい。私たちには馴染みのある生物であるが、その生態はあまりよく知られていないナマコを題材に考えてみたい。

本田達雄は、『ウニはすごい　バッタもすごい』（中公新書）の中で、ナマコが身を守るためにもつようになった皮膚の機能から、ヒトも含む脊椎動物のあり方にまで話を縦横に展開させていて、非常におもしろい。

そのあらましは次のようなものだ。

ナマコは貝のような堅い殻をもたず、ウニのような棘を身にまとってもいない。しかし、ナマコは敵に食べられないための実に巧妙なしかけをもっている。ナマコが身を守る術は、皮を硬くすることなのである。さらに、ナマコの皮は硬くなるだけでなく、やわらかくもなるという。どういうことか。

ナマコを手でつかむと皮が硬くなる。そのように硬くなったナマコを両手で一分ほどしごき続けると、今度は皮が非常にやわらかくなり、ドロドロに溶けて指のあいだから流れ落ちていくという。皮を捨てて中身だけ逃れる戦略なのだ。

ナマコの一番の天敵は、ウズラガイという、直径が一〇センチメートル以上ある大きな巻貝だという。このウズラガイに襲われたナマコは貝の外套膜に包まれると、皮の一番外側を硬くするため、硬い筒状になる。その硬くなった筒と内側との境目の皮を溶けるくらいやわらかくして、中身をグッと縮めると、中身は硬い筒からはがれて、筒からするりと抜け出すことができるという。

敵は仕方ないので手もとに残った外側の皮を食べ、そのあいだにナマコは遠くへと逃げることができるそうだ。ナマコのむけてしまった皮は、すぐに再生するという。

ほとんどの生物は身を硬くして自分を守ろうとするが、硬くしてもだめなら、やわらかくして身体の一部を与えて生き残ろうという、柔軟な戦略をナマコはとっているのだ。

逆転の発想

この戦略だけでも驚かされるが、この皮のすごさは、硬さがすばやく変わることだけではなく、あまりエネルギーを使わずに硬くなり、その状態を保ち続けられることだという。

私たち人間は筋肉を収縮させて身を硬くする。硬くするということは、外部から力が加わってもそれに抵抗して変形せずに、そのままの姿勢を保つということである。私たち人間は、こうした姿勢の維持に筋肉を使うのだが、ナマコは皮を使うわけだ。

筋肉の収縮は、皮を硬くするのに比べ、一〇〇倍ものエネルギーを必要とするという。

しかし、ナマコはエネルギー消費量がきわめて低く、たとえば同じ体重のハツカネズミのような恒温動物と比べると、なんと一〇〇分の一以下だという。エネルギーを使わないということは、あまり栄養をとらなくてもよいということになり、食べる量が少なくてもよくなる。そしてもし同じ量を食べるなら、より栄養価の低いものでも食物になることを意味する。他の動物が食べないものまでもが、食物になりうるわけだ。

なんと、ナマコは砂を食べても生きていけるそうだ。砂はいくらでもあり、他の動物は見向きもしないため、いわば食べ放題である。

それと同時に、硬さの変わる皮をもっていて敵にも襲われにくいから、逃げずに済む。その結果、筋肉はほとんど必要がなくなる。餌を探さなくていいから、感覚器官も必要なく、脳という感覚器官からの情報を処理して筋肉に指令を出すための中枢もいらなくなる。

心臓や血管という循環系も必要ない。心臓も筋肉も脳も眼鼻も不要になれば、ますます省エネになる。省エネに徹すれば徹するほど、ナマコは皮ばかりになる。すると、ますます捕食者にとって魅力のない食べものになり、安全になる。

食物連鎖の底辺にいるナマコと、その頂点に君臨するヒト。二つの生物の生き方を脳と皮膚で対比すると興味深い事実があることがわかる。ナマコは脳を持たない代わりに、特殊な皮膚を持つことで生き延びる戦略をとった。一方ヒトは、脳を進化させて他の動物を圧倒する知能を手に入れ、逆に皮膚の機能を退化させてしまったのではないか。

進化や共生といった生物としての生き方を考えてみると、ナマコとヒトと、どちらが賢いかは一目瞭然だろう。皮膚を駆使して捕食者から逃れ、最小限のエネルギーしか消費しないでそのままの形で五億年以上も生き続けているナマコと、脳を駆使して地球上のあらゆるエネルギーを消費し続け、環境を破壊し、多くの生物を絶滅に追い込んでいるヒト。地球上で人類が生まれてまだ数十万年に過ぎないが、この先いつまで生き残れるかは、誰にもわからない。

私たちもこの辺でナマコを見習って、皮膚感覚で生きる方向に舵をとる時期にきているのではないだろうか。

共生、生き残りと触覚

第2章で、タッチは、困っている人に同情し、助け、そのことに感謝するといった、感情を伝え、人と人とを結びつけて絆を強める手段として進化してきたのではないか、と述べた。

多良間の子どもたちと、海部町の住民、そしてナマコの生き残り術にはそのようなことが体現されている共通点があると感じた。

第一に、三者とも実に質素な、より本来の姿に近い生活をよしとしている点である。日本人は本来、ナマコのような生活を送ってきたのではないだろうか。質素な生活で無駄を省き、最小限の栄養素だけをとって生きてきた。「モッタイナイ」は世界に通用する言葉ともなった。それが明治以降の近代化によって、これまでの質素な生活を捨てて、西洋にあこがれて豊かな生活を目指すようになった。

それはこれまでの触覚文化を捨てて、視覚文化に移行したことを意味するのではないだろうか。文明の発展とは、狩猟採集の触覚文化から、紙や電子機器による視覚文化に移行することともいえるだろう。

ナマコは脳をもたないが、皮が硬くなったりやわらかくなったりする。では、いったい身体の機能のなかでどこが感じて判断しているのだろうか？　おそらく、皮自体が状況を判断して、硬くなったりやわらかくなるべき適切な瞬間を「考えて」いるとしか思えない。皮膚はそれほどの能力を本来持っていると思う。

第二に「人助け」である。ナマコは人助けはしないだろうが、共生はしている。ナマコの共生生物であるカクレウオは、多くの魚が活発に動き回る日中は、危険が大きいためにナマコの体内に隠れ、夜になって他の魚の活動が低下するとナマコの肛門から出てきて、餌を食べに泳ぎ回る。そのため「カクレウオが、ナマコを一方的に利用しているだけで、ナマコには、何も利点がない」と考えられている。

そうすると外胚葉《がいはいよう》から成るナマコは、利他的な判断をしていると考えられないだろうか。これを拡大解釈すれば、「皮膚で考えるということは、相手とのつながりを志向し、相手のためになることを考えることである」といえるのではないだろうか。

いずれにしろ、野生動物の多くの種では、このような共生関係をもち、互いにメリットを享受しているのである。このような関係を人間に当てはめれば、まさに「人助け」である。「人助け」はオキシトシンの分泌を促し、するほうもされるほうも健康になれる。

こうして利他的な行動が増えると、社会に人助けが増えていく。多良間や海部町で「人助け」がごく自然に当たり前のこととして行われているが、それこそが精神的にも健康でいられる秘訣なのではないだろうか。

あとがき

人に触れるということが、人間にとってこれほど奥が深く、大きな力をもっているということを、本書を書き進めていくうちに改めて感じてきました。

研究を始めた当初は、重要なテーマだという認識はあったものの、これほどの、生涯をかけて取り組むほどの大テーマになるとは予想もしていませんでした。

このように、このテーマをここまで広げ、掘り下げてこられたのは、実に多くの方々との出会いによるものと、多くの方々が教えてくださった知恵の賜物であることに、心より感謝しています。

すべての方のお名前を紹介させていただくことは到底できませんが、子育てのこと、セラピーのこと、看護のこと、鍼灸のことなどなど、教えていただいた一つひとつのことが私にとって大きな宝となって今に活かされています。

温かいタッチを日本中に広げたい、という活動を続けてきた私にとって、昨年はその元年ともいえるような嬉しいできごとが三つありました。

一つは「日本タッチ協会」の設立です。

現代の日本は、さまざまな人間関係のなかでタッチすることが極端に減ってきたと思います。親は子どもに触れることが少なくなり、移動は車やベビーカーが主流になりました。自分の子どもなのに、触れることができないといった悩みを抱えている方もいます。

学校では、先生は気軽に生徒に触れることができなくなりました。職場でもハラスメントの意識から、上司が部下に触れることもタブー視されています。高齢者も、触れられずに孤独や不安を強めています。

触覚文化という土壌がありながら、日本人はもともと他者に触れることが極端に少ない民族です。握手やハグの習慣がないことも一因でしょう。そのなかで、タッチの温かさややさしさといった素晴らしさに気づくことのないまま成人になってしまう人が増えているように思えてならないのです。

タッチは本来、とても温かくやさしいコミュニケーションで、触れられた人だけでなく触れた人も心がほっこりと温まり、悲しみが癒されたり、元気が出てきたりするものです。また子どもとの触れ合い遊びは、子どもにとってこれ以上ない愉しい体験でしょう。

このように人との共感を高め、自己肯定感や自尊感情を醸成するのがタッチの素晴らしいところです。

そこで、タッチの素晴らしさや効果について、もっとも身近で感じ、気づいているセラピストやボディワーカーの有志の方たちと「タッチの教科書」を作り、全国の保健所や学校、自治体などで買って広めていただく活動を始めているところです。多くの方々のご賛同をいただけると幸いです。

第二は「タッチフォーラム」の開催です。

これは「日本ソマティック心理学協会」の活動の一環として、二〇一七年九月に初めて開催され、私が大会長を務めました。大会では、看護師歴六〇年という大ベテランの川嶋みどり先生、オキシトシン研究の高橋徳医師の講演もあり、関心をもつ多くの方々が参加してくださいました。このフォーラムも先に述べたのと同様の趣旨で開催されたものです。ボディワーカーなどが主体の協会の活動として開催されたため、まだまだ裾野は広がっていませんが、今後このような活動がますます広がるのを願っています。

第三は、掛川市との共同研究です。掛川市は静岡県にあるお茶で有名な中規模の自治体です。こちらの市長から次のお話がありました。

掛川市はこれから子育て日本一を目指す。ただ、子育てというのは、ほとんどの自治体では、待機児童の数や何歳まで医療費を無料にするか、といった金銭面ばかりが指標にされている。掛川市は「親子の愛情」で日本一になりたい。そのためには子どもとのスキンシップを増やして愛着形成のために役立てたい。

とのことでした。

そこで二〇一七年度から「掛川流子育て応援事業」の一環として「学問のすゝめ」に倣って「スキンシップのすゝめ」と題した事業を行うことになったのです。

そこで実際に予算を組んでいただき、特定の保育園とその子どもたちが暮らす家庭で、スキンシップを増やす取り組みを始めたところです。長期間追跡調査をして、どのような結果が出るか楽しみにしているところです。

以上のように、二〇一七年はスキンシップ元年ともいえるようなできごとがあり、多くの方が共通の問題を抱えているなかで、それに向けてスキンシップを増やしていく必要性がますます高まっているといえそうです。

この小さな波を、ぜひ多くの方とともに盛り上げていきましょう。

二〇一八年一月

山口　創

引用文献

■第1章

Fredrickson, B.L. (2003). The value of positive emotions: The emerging science of positive psychology is coming to understand why it's good to feel good. *American Scientist*. 91:330-335.

Fredrickson, B.L. (2009). *Positivity: Groundbreaking research reveals how to embrace the hidden strength of positive emotions, overcome negativity, and thrive*. New York: Crown Publishing Group. ［バーバラ・フレドリクソン（2010）『ポジティブな人だけがうまくいく3：1の法則』高橋由紀子訳、植木理恵監修、日本実業出版社］

Fredrickson, B.L., Branigan C. (2005). Positive emotions broaden the scope of attention and thought-action repertoires. *Cognition and Emotion*, 19(3):313-332.

Fredrickson, B.L., Cohn, M.A., Coffey, K.A., Pek, J., Finkel, S.M. (2008). Open hearts build lives: positive emotions,induced through loving-kindness meditation, build consequential personal resources. *Journal of Personality and Social Psychology*. 95(5):1045-1062.

Fredrickson, B.L., Joiner, T. (2002). Positive emotions trigger upward spirals toward emotional well-being. *Psychological Science*. 13(2):172-175.

Fredrickson, B.L., Levenson, R.W. (1998). Positive emotions speed recovery from the cardiovascular sequelae of negative emotions. *Cognition and Emotion*, 12:191-220.

Fredrickson, B.L., Mancuso, R.A., Branigan, C., Tugade, M.M. (2000). The undoing effect of positive emotions. *Motivation and Emotion*. 24:237-258.

Fredrickson, B.L., Tugade, M.M., Waugh, C.E., Larkin, G.R. (2003). What good are positive emotions in crises? A prospective study of resilience and emotions following the terrorist attacks on the United States on September 11th, *Journal of Personality and Social Psychology*. 84(2):365-376.

Hasson, U., Ghazanfar, A. A., Galantucci, B., Garrod, S., Keysers, C. (2012). Brain-to-brain coupling: A mechanism for creating and sharing a social world. *Trends in Cognitive Sciences,* 16(2):114-21.

Konrath,S. et al. (2012) Motives for Volunteering Are Associated With Mortality Risk in Older Adults. *Health Psychology*, 31, 87-96.

Poulin, M.J. (2014) Volunteering predicts health among those who value others: two national studies. *Health Psychol.*16, 114-121.

Schwartz, R.M., Reynolds, C.F., Thase, M.E., Frank, E., Fasiczka, A.L., Haaga, D.A.(2002). Optimal and normal affect balance in psychotherapy of major depression: Evaluation of the balanced states of mind model. *Behavioural and Cognitive Psychotherapy*, 30(4):439-450.

■第２章

Chatel-Goldman, J. et al. (2014). Touch increases autonomic coupling between romantic partners. *Frontiers in Behavioral Neuroscience*, 8, 95.

Triscoli, C. et al. (2013). CT-optimized skin stroking delivered by hand or robot is comparable. *Frontiers in Behavioral Neuroscience*, 7, 208.

Ellingsen, D.M. et al. (2015). How Do C-Tactile Skin Afferents Contribute to Erotic Affect? *Journal of Sexual Medicine*, 12 (7),1654-56.

Gazzola, V. et al., (2012). Primary somatosensory cortex discriminates affective significance in social touch. *PNAS, Proceedings of the National Academy of Sciences of the United States of America*, 109(25).

Hertenstein, M.J., Keltner, D., App, B., Bulleit, B.A., Jaskolka, A.R., (2006). Touch communicates distinct emotions. *Emotion*, 6, 528-533.

ジェーン・グドール（1990).『野生チンパンジーの世界』杉山幸丸・松沢哲郎監訳、ミネルヴァ書房

Lingdgren, L. et al. (2012). Pleasant human touch is represented in pregenual anterior cingulate cortex. *Neuro Image*, 59, 3427-3432.

フランス・ドゥ・ヴァール（1993).『仲直り戦略』西田利貞・榎本知郎訳、どうぶつ社

ロビン・ダンバー（2016).『ことばの起源——猿の毛づくろい、人のゴシップ』松浦俊輔・服部清美訳、青土社

Schirmer, A. et al. (2013). Tactile stimulation reduces fear in fish. *Frontiers in Behavioral Neuroscience*, 7, 1-9.

Schirmer, A. et al. (2015). Reach out to one and you reach out to many: Social touch affects third-party observers. *British Journal of Psychology*, 106, 107-132.

■第３章

Anisfeld, E., Casper, V., Nozyce, M., Cunningham, N. (1990). Does infant carrying promote attachment? An experimental study of the effects of increased physical contact on the development of attachment. *Child Development*, 61, 1617-1627.

Cohen, S., et al. (1995). State and trait negative affect as predictors of objective and subjective symptoms of respiratory viral infections. *Journal of Personality and Social Psychology*, 68:159-169.

Coan, J.A., Schaefer, R.J., Davidson (2006). Lending a hand: Social regulation of the neural response to threat. *Psychological science*, 17 (12), 1032-1039

Ditzen, D. et al., (2009). Intranasal Oxytocin Increases Positive Communication and Reduces Cortisol Levels During Couple Conflict. *Biological Psychiatry*, 65, 728-731.

Holt-Lundstad, J. et al., (2008). Influence of a "Warm Touch" support enhancement intervention among married couples on ambulatory blood pressure, oxytocin, alpha amylase, and cortisol. *Psychosomatic Medicine*, 70, 1-10.

Kraus, M.W. et al. (2010). Tactile communication, cooperation, and performance: an ethological study of the NBA. *Emotion* 10,745-749

Peck, J., Johnson, A.W. (2011). Autotelic need for touch, haptics, and persuasion: The role of Involvement. *Psychology & Marketing*, Vol. 28(3): 222-239

Schneiderman, S. et al., (2012). Oxytocin during the initial stages of romantic attachment: relations to couples' interactive reciprocity. *Psychoneuroendocrinology*, 37(8): 1277-1285

Weiss, J.S., Wilson, P., Hetenstein,J.M., Campos,R. (2000) The tactile context of a mother's caregiving: implications for attachment of low birth weight infants. *Infant Behavior and Development*, 23, 91-111.

渡辺久子（2005).『抱きしめてあげて』太陽出版

■第４章

Virginia, C., Kempson, D. (2007). Integrating Massage into Rural Caregiving at End-of-Life. *Journal of Palliative*

Care, 23, 1.

Lindemann, E. (1944). Symptomatology and management of acute grief. *American Journal of Psychiatry*, 101, 141-148.

Guéguen, N. et al. (2007) The effect of touch on compliance with a restaurant's employee suggestion. *Hospitality Management,* 26, 1019-1023.

Heim, C., Young, L.J., Newport, D.J., Mletzko, T., Miller, A.H., Nemeroff,C. B.(2008). Lower CSF oxytocin concentrations in women with a history of childhood abuse. *Mol.Psychiatry,* 14, 954-958.

Lynch, J. J., (1979). *The Broken Heart : The Medical Consequences of Loneliness.* Harper & Row.

Kahn, J. et al.(2016). Post-9/11 Veterans and Their Partners Improve Mental Health Outcomes with a Self-directed Mobile and Web-based Wellness Training Program:A Randomized Controlled Trial. *Journal of Medical Internet Research*, 18, e255.

Price, C. (2007). Dissociation reduction in body therapy during sexual abuse recovery. *Complementary Therapy and Clinical Practice.* 13(2), 116-128.

Tai, K. et al. (2011). Touching a teddy bear mitigates the negative effects of social exclusion. *Social Psychological and Personality Science*, 2(6) 618-626

Seltzer, et al., (2014). Stress-induced elevation of oxytocin in maltreated children: evolution, neurodevelopment, and social behavior. *Child Development*, 85, 501-512.

■第5章

岡檀（2013）.『生き心地の良い町——この自殺率の低さには理由がある』講談社

森川すいめい（2016）.『その島のひとたちは、ひとの話をきかない——精神科医、「自殺希少地域」を行く』青土社

金聡希・大坊郁夫（2011）.「大学生における化粧行動と主観的幸福感に関する日韓比較研究」,『対人社会心理学研究』, 11, 89-100.

本田達雄（2017）.『ウニはすごい バッタもすごい——デザインの生物学』中公新書

著者紹介

山口 創（やまぐち・はじめ）
1967年、静岡県生まれ。早稲田大学大学院人間科学研究科博士課程修了。専攻は健康心理学・身体心理学。桜美林大学教授。臨床発達心理士。「手当て」としてスキンシップケアの効果やオキシトシンについて研究している。主な著書に『手の治癒力』（草思社）、『子供の「脳」は肌にある』（光文社新書）、『幸せになる脳はだっこで育つ。』（廣済堂出版）など多数。

http://www2.obirin.ac.jp/y-hajime/
skinbrain77@gmail.com

皮膚感覚から生まれる幸福　心身が目覚めるタッチの力

2018年1月25日　第1刷発行

著者――――山口 創
発行者――――澤畑吉和
発行所――――株式会社 春秋社
〒101-0021 東京都千代田区外神田2-18-6
電話 03-3255-9611
振替 00180-6-24861
http://www.shunjusha.co.jp/
印刷・製本――――萩原印刷 株式会社
装丁――――高木達樹

ISBN978-4-393-36553-3
定価はカバー等に表示してあります